# cartas en latín
# de C. S. Lewis
## y Don Giovanni Calabria

# cartas en latín de C. S. Lewis
## y Don Giovanni Calabria

un estudio

sobre la amistad

**GRUPO NELSON**
*Desde 1798*

# CONTENIDO

# PREFACIO

FUE EN 1985 cuando tuve la oportunidad de leer por primera vez
la correspondencia entre Don Giovanni Calabria, natural de Verona
(1873-1954) y C. S. Lewis (1898-1963). Su contenido me cautivó y
de inmediato procedí a escribir un resumen, el cual fue incluido en
el 6º volumen de la obra *Seven: An Anglo-American Literary Journal*.
Esta edición la publicó Crossroads Books en los Estados Unidos
bajo el título *The Latin Letters of C.S. Lewis*, cuyo epílogo fue escrito
por el doctor Lyle W. Dorsett en la ciudad de Wheaton.

Desde que este epistolario, *The Latin Letters*, fuese publicado,
he logrado visitar Verona y gracias a la gentileza del archivero Fra
Elviro Dall'Ora (Poveri Servi della Divina Provvidenza), he podido recibir de los archivos de Verona unos artículos adicionales,
que ahora he incluido. Por tanto, esta obra contiene, hasta donde
tengo entendido, el texto completo del epistolario. Gracias a la gentileza de *Seven*, de Crossway y del doctor Dorsett de Wheaton, hemos
logrado reproducir en forma de introducción el resumen original, el
cual ha sido abreviado y ligeramente modificado.

Cada carta se presenta en edición bilingüe con sus notas respecti-
vas. Se incluye una tabla de fechas.

«Te beatum dico et dicam...», de esta manera Don Giovanni
Calabria agradece a Lewis por su labor de erudito, tutor y escritor:
«Lo bendigo y siempre lo bendeciré».

Amigo de los pobres e incansable obrero en pro de la unidad,
quien en 1988 fuera beatificado (Verona, 17 de abril), es ahora
el turno para que el padre Giovanni se una a la multitud de los
bienaventurados.

# AGRADECIMIENTOS

Agradezco de todo corazón la ayuda que he recibido de parte de muchas personas para varias partes de esta obra, pero en especial agradezco a la doctora Barbara Reynolds, quien fue la que inicialmente me informó de la existencia de estas cartas y que logró obtener los facsímiles y los permisos correspondientes.

Asimismo, agradezco la gentileza de la Colección Marion E. Wade del Wheaton College y a esta misma institución. He recibido la misma gentileza de parte del archivero de Verona y de los miembros de la congregación de Don Calabria, en especial por haberme permitido usar las cartas que ellos poseen, siempre y cuando se haga con el mismo espíritu de Don Calabria.

Le debo mucho al profesor Wiseman de la Universidad de Exeter, quien gracias a la invitación de parte de la junta directiva, pudo revisar el manuscrito y la traducción preliminar, a la que contribuyó con una buena cantidad de correcciones y sugerencias.

Otros a los que agradezco sus consejos son el señor J. E. T. Brown, el padre Walter Hooper, la señorita Nan Dunbar, la señora Teresa Moulton y, en particular, *sir* David Hunt.

Sobre todo, a lo largo de esta obra, el señor Colin Hardie ha sido una constante e invalorable ayuda.

Los errores y las faltas de estilo son mi responsabilidad. Además, hay varios puntos oscuros en el manuscrito y en la cronología, los cuales solo quedarán aclarados con el tiempo.

Finalmente, agradezco a la señorita Sadler por su infatigable labor por haber tenido que mecanografiar y cotejar el texto y la traducción.

# INTRODUCCIÓN

Sentí mucha emoción cuando me enteré —casi al azar— de que en Estados Unidos (Wheaton College) existía un epistolario de cartas escritas en latín de la mano de C. S. Lewis a un destinatario en Italia. Que en estas épocas y tiempos Lewis haya logrado esta hazaña constituye un logro más en su historial. Sin duda alguna, el día de hoy todavía hay algunos que pueden conversar en latín e incluso *redactar* cartas. Pero Lewis no solo tenía la capacidad de hacerlo, se ve que de hecho lo hizo, y en épocas donde esta costumbre de la erudición ha desaparecido.

Mi segunda experiencia emotiva sucedió cuando me fue posible ver las cartas en facsímil.

Eran claras, fluidas y muy agradables. Manifestaban también cierto encanto, en particular el estilo con que empezaban y concluían, es decir, con ligeras variaciones en el formalismo para dirigirse al destinatario y despedirse de este.

Me percaté de que al principio de una carta Lewis demuestra un sesgo contra el estilo renacentista, en especial por la eliminación del latín común para imponer por la fuerza un latín clasicista. En la guerra entre «troyanos» y «griegos», Lewis siempre se pone del lado de los troyanos, de los denominados zopencos contra los denominados humanistas, de los genuinos románticos, esto es, contra los falsos clasicistas. «Si tan solo», Lewis escribe:

Si tan solo aquel latoso Renacimiento, que los humanistas trajeron consigo, no hubiese destruido el latín (¡y lo destruyeron justo cuando se enorgullecían de estar promoviéndolo!) estaríamos hasta el día de hoy escribiéndonos con toda Europa.

3ª CARTA

Sin embargo, Lewis podía escribir y así lo hizo. Una o dos cartas al año, entre los años 1947-1961, la mayoría provenientes de Magdalen, Oxford, y las últimas cinco desde Magdalene, Cambridge (que a propósito, tal como Lewis señalara, se pronuncian *Modlin*, 27ª carta).

No hay facsímiles de las respuestas; y la razón de ello, que salió a la luz en una de las últimas cartas, me hizo detenerme para tomar aliento.

Evidentemente, la Casa Buoni Fanciulli (la casa de los niños buenos) de Verona, le solicitó a Lewis los originales o las copias de las cartas que había recibido de parte de su fundador, el venerable (en la actualidad beato) Don Giovanni Calabria. A ello Lewis respondió que le era imposible. Cuánto hubiese querido ayudar, pero tenía por costumbre quemar las cartas dos días después de haberlas leído. Y así hizo con las cartas de Don Calabria, no porque no las hubiese valorado, sino porque no quería ceder a la posteridad asuntos dignos del sagrado silencio.

Porque hoy en día aquellos que se dedican a investigar las cosas escarban todas nuestras vivencias y las mancillan con el veneno de la «publicidad» (y como es un asunto de bárbaros, le estoy dando un nombre de bárbaros).

33ª CARTA

Lewis continúa escribiendo que aquello es lo último que desearía que le suceda al padre Giovanni, quien «debido a su humildad y su santa imprudencia» había confesado a Lewis asuntos que el propio

Lewis prefirió que queden ocultos. Lewis solicita que esta decisión se le comunique gentilmente al padre Mondrone.

Quizá con esto en mente, en una de sus cartas Lewis se dirige al padre Giovanni diciéndole «algo que un laico difícilmente debería decir a un sacerdote»:

> Usted escribe mucho respecto a sus pecados. Tenga cuidado (permítame decirle que tenga cuidado, mi dilectísimo padre) no sea que la humildad se convierta en ansiedad o tristeza.

16ª CARTA

Desde luego que, habiendo leído la advertencia de Lewis respecto a los que les encanta hurgar en los asuntos privados, decidí ponerme de inmediato en el banquillo de los acusados. ¿Estaba yo pensando hacer justamente lo mismo que Lewis censuraba? Sin embargo, las cartas de Lewis ya están abiertas a todo el público. Además, pese a que el tono era privado, las cartas no contenían nada que fuese confidencial, lo cual por el bien de todos debería mantenerse en secreto. Por el contrario, fueron para mí y quizá para los demás también una fuente de renovada inspiración.

Las cartas de Lewis se preservan en su forma original en los archivos de Verona. Fue allí donde tuve la oportunidad de ver todas las cartas gracias al archivero, Fra Elviro Dall'Ora en 1987. Tal como fuera señalado por Clara Sarrocco en la edición de febrero de 1987 del *Boletín de la Sociedad C. S. Lewis de Nueva York*, Verona tiene en su posesión unas cuantas cartas más de las que tiene Wheaton, además de copias adicionales de cartas mecanografiadas escritas por Don Calabria a Lewis.

A partir de las cartas de los archivos en Verona, parece ser que el padre Giovanni fue un sacerdote italiano de Verona, fundador de la Casa Buoni Fanciulli y autor de varios libros, especialmente en torno a la causa a la que dedicó toda su vida, la unidad cristiana. El padre Giovanni logró celebrar sus cincuenta años de sacerdocio en

1951. También hay pruebas externas respecto a quién fue el padre Giovanni.

En primer lugar, existe un artículo en *La Civiltà Cattolica* escrito por el padre Domenico Mondrone, S. J.: «Una gemma del clero italiano, Don Giovanni Calabria», cuya versión traducida y abreviada por I. G. Capaldi fue publicada en Londres bajo el título «God's Care-Taker» en la edición de octubre de 1956 de la revista jesuita *The Month*. Más tarde, el padre Mondrone volvió a escribir un artículo en *La Civiltà Cattolica* titulado «Don Giovanni e i fratelli separati»; este asunto fue objeto de una mayor investigación en la tesis laterana de Eugenio dal Corso titulada *Il Servo di Dio, Don Giovanni Calabria e i Fratelli Separati*. Apareció una obra más completa en 1958, titulada *Don Giovanni Calabria, Servo di Dio*, cuyo prólogo fue escrito por Don Luigi Pedrollo.

Todos estos escritos muestran con toda claridad la vida devota y verdaderamente santa del padre Giovanni como «defensor de la caridad del evangelio» y, en particular, la manera en que inicialmente logró fundar el orfanato San Zeno y la Casa Buoni Fanciulli en 1907-1908 y, más tarde, su congregación, Los siervos pobres de la Divina Providencia, que recibiera la aprobación de su obispo en 1932 y por el propio papa en 1947. En 1954, el padre Giovanni falleció a los 81 años de edad; y en 1988, en Verona, un 17 de abril, el papa Juan Pablo II pronunció su beatificación.

Los artículos en torno al padre Giovanni y los Hermanos Separados nos relatan sus actividades teológicas y ecuménicas y la manera en que llegó a entablar correspondencia con personajes desconocidos, motivado por su afán por la unidad cristiana y su deseo de unirse a otros que también siguen a Cristo. Logramos también saber de otros personajes con quienes mantuvo correspondencia aparte de Lewis. Pero con nadie más mantuvo tan larga, afectiva y gratificante correspondencia.

Lo que despertó el interés de Don Calabria fue la traducción de *Cartas del diablo a su sobrino* al italiano en 1947 (publicado por

Arnoldo Mondadori). El título de la obra en italiano fue *Le Lettere di Berlicche*. Fue tal el interés que tuvo el padre Giovanni por esta obra que decidió escribirle a Lewis el 1 de septiembre de 1947 y así se dio inició a su larga correspondencia entre los dos.

El padre Giovanni nació en Verona en 1873 y creció allí en una familia de escasos recursos. Fue en esa ciudad donde tuvo sus primeros contactos con la comunidad judía y también con algunas amistades protestantes. Su padre falleció en 1886. Su madre era muy devota y el apoyo y la influencia que le brindó tuvo una larga duración. Con el paso de los años, el interés ecuménico del padre Giovanni siguió en aumento hasta el final de su vida (tuvo una muerte con mucho sufrimiento), que se suscitó el 4 de diciembre de 1954.

Evidentemente, la congregación informó a Lewis de la muerte del padre Giovanni y también se le envió una fotografía. Lewis dio parte del suceso y escribió que el padre Giovanni había finalmente dejado las tribulaciones de este mundo para ingresar a la patria celestial:

> Le agradezco por la fotografía [...]. Su aspecto es tal como me lo imaginé: la solemnidad de su avanzada edad en armonía con cierta viveza juvenil. Siempre me acordaré de él en mis oraciones y también de su congregación; y espero que usted haga lo mismo por mí.
>
> 28ª CARTA

A partir de aquel suceso, Lewis continuó escribiendo cartas, pero ahora a Don Luigi Pedrollo (1888-1986) hasta unos cuantos años antes de que el propio Lewis falleciera. Don Luigi Pedrollo fue el elegido para continuar la correspondencia que hubo entre Don Calabria y Lewis. El tono de las cartas de Lewis no sufrió alteración alguna y siguieron despertando el interés hasta el final.

La carta de Don Calabria a Lewis, con fecha de 1 de septiembre de 1947, es la que inaugura la correspondencia entre ellos. Parece que Lewis respondió a dicha carta de inmediato, con fecha del 6 de

septiembre y, habiendo recibido respuesta, volvió a escribir el 20 de septiembre. La segunda carta existente en Verona lleva por fecha el 18 de septiembre de 1949; la tercera, el 17 de diciembre de 1949; la cuarta no tiene fecha y la quinta es del 3 de septiembre de 1953. El estilo del latín de ambos autores es a menudo crudo, pero siempre prosiguen con gran vigor y Lewis debió de haber apreciado su lectura tanto como Don Calabria debió de haberse deleitado por el uso de sus palabras. De su parte, Lewis en repetidas ocasiones supo encontrar la palabra adecuada y no se sintió impedido de recurrir a términos extraños: «máquina de escribir» se convierte en *dactylographica machina*.

El padre Giovanni manifiesta su constante alegría por los mensajes de Lewis y sus obras. Intercambia opiniones con Lewis con bastante libertad y lo anima todo el tiempo a que siga escribiendo más libros. «Ciertamente», escribe el 18 de septiembre de 1949:

> ... me parece que usted ha sido llamado a una misión especial para el bien de su prójimo [...]. Los dones que usted ha recibido de mente y corazón, los cuales son sus fortalezas, el lugar que usted ocupa entre sus estudiantes, son señales lo suficientemente claras de la voluntad de Dios en su vida. Dios espera que por medio de sus palabras y obras usted pueda con firmeza y gentileza atraer a los hermanos al evangelio de Cristo.
>
> 12ª CARTA

En respuesta, Lewis le confía a su amigo sus esperanzas y temores, sus experiencias y sus reflexiones y, cuando se le pregunta, sus posturas de la vida y de los asuntos del mundo. En una de sus cartas, reprocha a Occidente por haber hecho muy poco, junto a la obra misionera, para ayudar a China en lo económico. Sin embargo, el tema de la unidad cristiana domina la correspondencia y establece el tema de conversación, si bien no la monopoliza. *Ut omnes unum sint,* para que todos sean uno (Jn 17:21): Lewis agradece al padre

Giovanni por sus palabras y sus libros sobre este tema; por su parte, replica al padre Giovanni que no deja pasar ningún día sin que diga esa oración, y de todo corazón.

Lewis reconoce que no hay cisma sin pecado. Piensa que el asunto no cuadra, que toda la causa del cisma es el pecado. Tetzel, por un lado, y Enrique VIII, por el otro, fueron ciertamente personajes perdidos. ¿Pero qué podemos decir de Tomás Moro y de Tyndale? Lewis afirma que recientemente pudo leer todas las obras de ambos personajes. Lewis estaba convencido de que estos dos personajes fueron los más santos de todos y que él no era digno de desatar la correa de sus sandalias. Sin embargo, tuvieron desacuerdos; y sus desavenencias surgieron no de sus propias faltas o de su ignorancia, sino de sus propias virtudes y de lo más profundo de su verdadera fe. Su máxima disensión sucedió en los pensamientos en que ellos destacaban a lo sumo. Lewis llega a la conclusión de que para él esto constituye un misterio y añade que quizá en mayor grado de lo que es para el padre Giovanni. Ofrece una alusión al salmista: «Tus juicios [son] como el gran abismo».

Haber escrito acerca del papa, según lo hizo el padre Giovanni, como «lugar de encuentro» le parece que plantea un asunto obvio, dado que fue en torno al papado, escribe Lewis, donde giraban casi todas las disensiones. En esta ocasión, Lewis no emite opinión en torno al papado. Es probable que concuerde con aquellos teólogos anglicanos para quienes el papado posee un primado de honor, pero no de jurisdicción. En otras partes acota que nada sería más persuasivo (escribía antes del tiempo de Juan Pablo II) que un papa que sea visto por todos los demás como cabeza de toda la cristiandad. Sin embargo, aguardando la unión del orden y la fe, aún más deberíamos mostrar unión en la caridad. Y con este espíritu de caridad, que nos une contra nuestros enemigos comunes, Lewis concuerda con toda certeza que debemos proseguir adelante. Porque:

Las disputas contribuyen más a agravar el cisma que a sanarlo. Las obras unidas, la oración, la fortitud y (si así Dios lo dispone) los martirios comunes por la causa de Cristo nos unirán.

5ª CARTA

Parece que luego de haber compartido opiniones en torno a la unidad cristiana, estos dos amigos por correspondencia deciden pasar a otros temas. Sin embargo, quedan ecos del tema a lo largo de sus cartas. Por ejemplo, cuando Lewis escribe acerca de los Hitler de nuestros tiempos, sugiere que quizá estos lleguen a demostrar, por el rechazo de parte de Dios, que han sido como martillos para el bien, que Dios los ha usado para unirnos (me refiero a nosotros que rehusamos remedios menos severos). Por ello, escribe:

... a aquellos que sufren lo mismo de parte de la misma gente por causa de la misma Persona se les hace imposible dejar de amarse los unos a los otros.

3ª CARTA

Hay otra parte donde Lewis aborda el tema de la unidad —y de las terribles consecuencias de la desunión— cuando informa que se halla en un día no laborable de camino a Irlanda:

... porque mañana me dirigiré (si Dios lo permite) a Irlanda, mi lugar de nacimiento y mi dulcísimo refugio en lo que respecta a la bondad del lugar y la temperatura del clima, a pesar de las más atroces luchas, odio y a menudo guerra civil entre religiones contrarias.

Ciertamente, en aquel lugar tanto los suyos como los nuestros «ignoran cuál Espíritu los guía». Creen que su falta de amor equivale a fervor religioso y su mutua ignorancia a ortodoxia.

24ª CARTA

En otra parte escribe que guardemos el vínculo del amor «el cual es una pena que su gente en España y la nuestra en Irlanda del Norte no lo guarden».

En una de las cartas del padre Giovanni, con fecha del 3 de septiembre de 1953, se puede ver con toda claridad cómo Lewis produjo una reacción positiva cuando escribió respecto al fervor religioso que equivocadamente se ve como amor, y a la mutua ignorancia como ortodoxia. «El Espíritu le ha inspirado con estas palabras [...]. ¡Lo bendigo y siempre lo bendeciré! porque Dios ha dispuesto usarlo para llevar a cabo su obra» (25ª carta).

Esta amorosa amistad, no hace falta decirlo, trasciende más allá del aspecto público; y no hay nada más encantador en estas correspondencias que ser testigo del cada vez mayor y sincero afecto entre dos escritores que jamás se llegaron a conocer en persona. En una carta fechada el 17 de marzo de 1953, Lewis escribe:

> ... Es algo maravilloso y que corrobora la fe que dos almas, tan distintas entre sí por su lugar de origen, nacionalidad, idioma, obediencia y edad, hayan podido entablar una dulce amistad; tanto así que el orden de los espíritus supera al orden material.
>
> 23ª CARTA

A lo largo de las cartas se puede ver que se entremezclan la reflexión seria y las necesidades diarias. Lewis escribe que se le hace imposible replicar de inmediato porque está enfrascado con el regreso de los estudiantes para el nuevo ciclo universitario y por ello está sufriendo la maldición de nuestros «primeros padres» —«Con el sudor de tu rostro comerás el pan».

Las estaciones del año no pasan en vano, ni tampoco el clima. Escribe que, durante la primavera de 1948, toda la naturaleza representa de una manera patente el gozo de la Pascua. A pesar del mal:

La propia naturaleza nos anima a lo mismo, la misma faz de la tierra que se renueva, a su propia manera, al principio de la primavera.

7ª CARTA

Por momentos, Lewis entona notas algo tristes:

Mi trabajo lo realizo bajo grandes dificultades. Mi hogar es agitado, desgarrado por riñas de mujeres. Vivo entre *las tiendas de Cedar*. Cuido diariamente de mi anciana madre *(grandaeva mater)*, que adolece de una larga enfermedad.

9ª CARTA

Sin embargo, rápidamente aclara que si le confiesa todo esto al padre Giovanni, no es porque quiera quejarse, sino para que el padre Giovanni se dé cuenta de que no tiene todo el tiempo del mundo para escribir libros. Además, a sus cincuenta años, Lewis siente que su talento disminuye y sus lectores están menos interesados que antes. Así que

Si a Dios le place que escriba más libros, bendito sea. Y si le place lo contrario, también bendito sea.

9ª CARTA

Nada en estas cartas es más constante que la propia valiente constancia de Lewis. Las grandes verdades de la fe cristiana, sus eternos temas, se citan constantemente con el fin de fortalecer la vida diaria. La manera de escribir, que podría sonar trillada, se gana nuestra admiración bajo el peso de las vicisitudes. *Nil desperandum* —nos sonreímos frente a esta frase que los niños solían aprender en latín. Pero no debemos desesperarnos, seguimos orando y nos mantenemos firmes en medio del sufrimiento.

A veces se acusa a Lewis de ser un imitador. Más bien, yo diría que desea recuperar algo. En un contexto dado, una vieja moda o una frase que se viene a la mente podría recuperarse y volverse a

usar de una nueva y fresca manera. Lewis conocía el antiguo uso de las expresiones, las recuperó y dieron nueva vitalidad a su vida y a la vida de sus lectores.

Sucede lo mismo con nuestra antigua liturgia y el año litúrgico. En estas cartas se puede ver que Lewis lleva a la práctica la liturgia de su calendario. Le dice al padre Giovanni que lo recordará durante la eucaristía y le ruega que haga lo mismo con él. Escribe de la marcha hacia Belén durante la Navidad, y de la ascensión de Cristo el Día de la Ascensión. A veces se ha descrito a Lewis como un protestante del Ulster. Si bien la iglesia desde donde escribe siempre ha aspirado a mostrar que es tanto católica como protestante, cada vez que escribe al padre Giovanni, utiliza los pronombres «ustedes» y «nosotros», porque el cristianismo a veces es visto como católico o protestante. El propio Lewis, a lo largo de estas cartas, se inspira en las fuentes primarias del cristianismo, las Santas Escrituras y los primeros padres de la iglesia, y así lo hace porque siempre las considera una herencia común.

Lewis solía recomendar a sus estudiantes que leyeran la Vulgata como un medio sencillo para aumentar su conocimiento de latín y de las Escrituras al mismo tiempo. En estas cartas, Lewis cita textos de memoria, recurriendo a su propio latín. Por ello, en una ocasión escribe que no tiene a mano su Vulgata. La libertad con la que cita la Vulgata proviene de su completo conocimiento de ella. Cuando escribe acerca de las tiendas de Cedar, está latinizando a Coverdale[1] (el Libro de Oración Común); cuando describe el juicio de Dios como un abismo, está aludiendo a la Vulgata y la Septuaginta. Como resultado de ello, muchas expresiones conocidas las expresa con sus propias palabras.

En una carta, Lewis escribe al padre Giovanni que, de entre todos los pecados mortales, el que más lo asola es la pereza. Si así es, este pecado lo vence la poderosa gracia, y no solo la gracia del

---

1. Myles Coverdale (1488-1569), clérigo agustino y posteriormente puritano inglés, teólogo y traductor de la Biblia. (*Nota del t.*).

entusiasmo, sino también de la energía. Hablando en términos espirituales, la pereza es la modorra que se disemina a partir de la depresión. Lewis estaba familiarizado con la depresión desde cuando su madre falleciera, cuando él era muy joven. De aquella experiencia aprendió a superarla y a ayudar a los demás.

Las reflexiones de Lewis siempre contienen una preocupación por ayudar a los demás. Los libros que escribe aspiran a llenar algún vacío. Quizá el padre Giovanni no tenga interés alguno por las historias de Narnia, pero ¿y qué de los niños en su orfanato? O mencionemos el libro sobre la oración: no es para los más avanzados, sino para ayudar a los principiantes. Todo ello se debe a que se le hizo difícil encontrar libros para principiantes, por ello «decidí abordar este proyecto» (*laborem aggressus sum*). Así era Lewis (19ª carta).

Aprecia a la generación de jóvenes. Quizá sean algo tercos, pero son valientes. Además, ¿acaso no muestran más compasión que todos los demás hasta ahora cuando se preocupan por los pobres y los más necesitados? Le confiesa al padre Giovanni que nosotros los más viejos debemos tener cuidado de no glorificar el pasado (26ª carta).

Cimienta su propia buena voluntad y la de todos los seres humanos en los cimientos de Cristo. En más de una ocasión, se tranquiliza a sí mismo, y al padre Giovanni, recordando las palabras de Cristo en torno a que habrá guerras y rumores de guerras: «mirad que no os alarméis».

> Tengamos cuidado, no sea que, mientras nos torturamos en vano por el destino de Europa, descuidemos tanto a Verona como a Oxford.

> El propio Señor se manifiesta en el indigente que toca a mi puerta, en mi anciana madre y en el joven que busca mi consejo. Por tanto, lavemos los pies del Señor.

7ª CARTA

Lewis no comparte el sentimiento del padre Giovanni: que vivimos uno de los peores tiempos. Pero, sí así lo fueran, ¿acaso nuestra redención estaría más cerca? Sin embargo, ciertamente los tiempos son malos y peores que los tiempos paganos. Porque los paganos antes de Cristo tuvieron virtudes que los apóstatas después de Cristo jamás podrán tener. Los antiguos paganos y los recientes apóstatas son como la virginidad y el adulterio. Muchos apóstatas han abandonado no solo la ley de Cristo, sino también la ley natural. Porque donde la fe que se obtiene logra perfeccionar la naturaleza, la fe que se pierde la corrompe.

Es obvio que uno de los libros favoritos de Lewis fue la *Imitación de Cristo*, de Tomás de Kempis, y algo de ello ha pasado a sus cartas. Pero se le hace imposible a Lewis ubicar una cita en la *Imitación* que él creía encontrar allí. ¿La habría podido ubicar el padre Giovanni?

*Amor est ignis ardens,* el amor es un fuego ardiente.

17ª CARTA

Para el padre Giovanni, Lewis posee dos grandes experiencias. Una de ellas es la suya propia, la de un amigo. Sugiere que la suya propia quizá sea por causa de las plegarias que el padre Giovanni ha ofrecido por él. La experiencia, en 1951, fue un profundo y súbito estado de conciencia respecto al perdón de pecados, de sus propios pecados, y de su propia liberación:

> Por un largo tiempo yo creía que creía en el perdón de los pecados. Pero, súbitamente (en el día de san Marcos) esta verdad hizo su aparición en mi mente de una manera tan clara que la percibí como nunca antes (y luego de muchas confesiones y absoluciones) si la hubiese creído con todo mi corazón.

16ª CARTA

Lewis entonces procede a solicitarle al padre Giovanni que le permita ofrecerle un consejo. Que no permita que la humildad y la

contrición se tornen en tristeza. Porque Cristo logró abolir «lo escrito» *(chirographia)* contra nosotros. En dos ocasiones Lewis pide disculpas. ¿Acaso no es tan solo un laico y principiante? Sin embargo, «de la boca de los niños» dijo Jesús. Por cierto, hubo una vez, en el caso de Balaam, que fue de la boca de una burra. Finalmente, al final de su súplica filial, vuelve a pedirle al padre Giovanni que lo perdone, esta vez por sus *balbutiones*, su balbucir (16ª carta).

La segunda experiencia tenía que ver con un amigo de Lewis, su viejo confesor de Oxford. Se trataba de una experiencia y un ejemplo de un santo proceso de muerte. «Me siento huérfano», describe Lewis esta experiencia, «debido a que mi confesor y amadísimo padre en Cristo acaba de morir».

> Falleció mientras se encontraba celebrando el culto a Dios, cuando de pronto, sufrió un dolor intenso, pero breve (gracias a Dios); sus últimas palabras fueron: «voy a ti, Señor Jesús».

17ª CARTA

Cuando el viejo confesor de Lewis fue llamado a su éxodo, respondió con pleno gozo.

Mientras uno lee estas cartas, va descubriendo cada vez más un sentido de lo importantes que son las oraciones. Lewis recurre a la palabra *insta,* insistir, seguir rogando con constancia. Recordemos sus ecos en las epístolas: «sufridos en la tribulación; constantes en la oración». *In tribulatione patientes; Orationi instantes* (Ro 12:12).

Lewis le presenta al padre Giovanni el mismo problema que presentó más tarde a la Oxford Clerical Society en su ensayo con fecha de 8 de diciembre de 1953 y titulado: «Petitionary Prayer: a problem without an answer» (La oración de súplica: un problema sin respuesta). ¿Cómo es posible que «sin dudar» oremos «hágase tu voluntad» mientras que al mismo tiempo oramos (con una duda implícita)? Parece que Lewis no recibió respuesta alguna, lo cual para él resolvió el problema.

La combinación de lo viejo y lo nuevo en una síntesis cristiana fue algo que Lewis siempre valoró, y también fue algo que lo llevó a la práctica a su propia manera. Por tanto, no nos debería sorprender que en estas cartas junto a las citas escriturales, encontremos citas de los clásicos junto a ellas. A veces estos elementos yuxtapuestos producen un efecto novedoso. *Sursum corda!* ¡Levantemos el corazón! No esperamos que todos obedezcan esta cita de la liturgia, pero quien la sigue y de inmediato es nada menos que Virgilio:

forsan et haec olim meminisse iuvabit (*La Eneida* I 203)

¡Cuán familiar nos es esto y cuán descriptivo! «Quizá nos deleitaremos de todas estas cosas en el futuro». Las famosas expresiones adquieren un nuevo significado en su contexto cristiano.

Cuando la década de 1960 se aproxima, vemos que las cartas comienzan a cambiar, no por causa de Lewis, que a partir de 1954 escribía a un nuevo destinatario luego de la muerte del padre Giovanni, sino por cambios en el entorno de Lewis. Y, principalmente, por causa de su traslado de Oxford a Cambridge.

Anteriormente, Lewis había comentado que Italia tenía una ventaja sobre Inglaterra. En Italia los comunistas se declaraban ateos y de esta manera se sabía las posturas de todos. Sin embargo, en Inglaterra los extremistas dicen en demasiadas ocasiones ser los que promueven el reino de Dios y así se presentan disfrazados de ovejas.

En lo que se refiere a Oxford y Cambridge, Lewis escribió (antes de haberse trasladado a Cambridge):

> Pienso que la fe cristiana tiene mayor validez entre los hombres de Cambridge que entre nosotros; los comunistas son muy pocos y aquellos latosos filósofos que denominamos positivistas lógicos no ejercen tanta influencia.
>
> 27ª CARTA

Ahora surge una situación de tristeza. La palabra *aerumna* vuelve a aparecer (16 de abril de 1960) y lo hace con una austera brevedad: «Estoy pasando por una pena muy grande». Lewis no especifica nada. Pero anteriormente había escrito que, luego de haber estado en remisión por dos años, la enfermedad terminal de su esposa Joy había regresado. Sin embargo, añade que es difícil creer las alegrías que había experimentado a pesar de esta pena. «¿De qué me asombro? ¿Acaso Él no ha prometido consolar a los que lloran?» (31ª carta). Por ello, vuelve a afirmar: «Estoy pasando por una pena muy grande. Pero, pese a ello, levantemos nuestros corazones, porque Cristo ha resucitado» (32ª carta). Luego de leer estas cartas, es imposible no sentir la misma pena y un sentimiento de admiración. Qué fortaleza la que Lewis demuestra tener cuando atraviesa ese valle de muerte. Tampoco duda en usar una frase tradicional o recurrir a una costumbre habitual. Era algo típico de él y lo hizo con cierto propósito. Debemos proseguir en el Camino. Lewis no se da por vencido ni siquiera cuando se encuentra en el valle de la muerte. Manifiesta todos sus sentimientos, incluso «al borde del precipicio». ¿Y cuál es la razón? Porque, según Shakespeare, «el amor no es juguete del tiempo».

Me parece que hay cierta conmoción en su estilo latino al final, una cadencia latina que nos produce un sentimiento infinito. Pero tampoco le falta conmoción en la traducción al inglés. De hecho, nuestros corazones y plegarias seguirán los pasos de Lewis mientras continúa escribiendo las últimas oraciones de estas cartas, unos ocho meses luego de la muerte de Joy, acaecida el 8 de abril del año de 1960:

> Sé que elevará oraciones por mi amada esposa y por mí —que he perdido a un ser muy amado como si me hubiesen partido en dos— y por esta vida, este valle de lágrimas en el que prosigo solo.
>
> 34ª CARTA

Volviendo la mirada a esta correspondencia entre C. S. Lewis y Don Calabria, vemos que Lewis y el padre Giovanni unen esfuerzos con el fin de enseñar a los demás el ministerio de la caridad. Parte del ministerio de ellos fue la correspondencia que mantuvieron. A menudo debió haber sido exigente pero reconfortante. Su esencia fue la intercesión mutua.

Lewis solía decir que, hablando en términos cristianos, ninguna despedida es final. Así que, como conclusión, participemos con el padre Giovanni y el propio Lewis, como si estuviesen presentes, de aquella afirmación esperanzadora, la cual Lewis, escribiendo desde Magdalene College, el 14 de enero de 1949, refirió así a su «amadísimo padre» en Verona:

> Ciertamente, ahora nos separan mares y montañas; tampoco conozco su aspecto físico. Pero ruego a Dios que en el más allá, en la resurrección del cuerpo, en aquella renovación indecible, nos permita conocernos.

9ª CARTA

*Martin Moynihan*

# CARTAS EN LATÍN
## ENTRE
## C. S. LEWIS
## Y
## DON GIOVANNI CALABRIA
## (1947-1954)

# 1

*Praeclarissime ut Frater,*

Gratia et pax Domini nostri Jesu Christi sit semper nobiscum. – Qui nunc Tibi scripturus humilis est sacerdos veronensis (Italia), cui Divina Providentia abhinc XL annos opus commisit pro pueris et adolescentibus, vel orphanis vel utcunque omni ape et quolibet auxilio destitutis, gratis colilgendis, ut artes addiscant quibus maturiori aetate sibi sufficere valeant; ad eos autem nutriendos et alendos subsidia, secura ac filiali fiducia, ab ipsa Divina Providentia expectamus, juxta illud sancti Evangelii: «Quaerite primum regnum Dei et justitiam eius, et haec omnia adjicientur vobis».

Inspiratio Tibi scribendi mihi venit dum legerem optimum tuum librum, cui italice titulus: «Le lettere di Berlicche»; ratio autern est ut meam Tibi mentem aperiam circa maximi problema momenti, ad quad solvendum, vet saltem ad ejus solutionem favendam, maturiora esse tempora quam antea mihi videntur; hodie enim, propter hanc bellici furoris prope universalem conflagrationem, multa intersaepta subversa sunt, tot aerumnis ac doloribus mundus tamquam aratus ager factus est, multae generales opiniones immutatae, rivalitates imminutae, ac praesertim aspiratio ex omni parte apparet magna omnium populorum reformandi; haec omnia praemissa

# 1

Verona

1 de septiembre de 1947

*Ilustrísimo hermano (me tomo la libertad de llamarlo así):*

Que la gracia y la paz de nuestro Señor Jesucristo esté siempre con nosotros.

El que está por escribirle es un humilde sacerdote de Verona (Italia), a quien la Divina Providencia le encargó hace cuarenta años la tarea de reunir niños y jóvenes, tanto huérfanos como aquellos desprovistos de todo sustento económico, con el fin de darles un oficio para que puedan enfrentar la vida cuando crezcan.

Respecto a las contribuciones que necesitamos para alimentar y atender a sus necesidades, dependemos con toda confianza filial en la Divina Providencia, según la promesa del Santo Evangelio: «Mas buscad primeramente el reino de Dios y su justicia, y todas estas cosas os serán añadidas».

Me sentí inspirado a escribirle cuando me encontraba leyendo su excelente libro, que en italiano lleva por título *Le Lettere di Berlicche*. Me he propuesto compartirle mis opiniones respecto a un problema de lo más serio, para que lo resolvamos (o por lo menos avancemos hacia una solución), ya que me parece que los tiempos son más propicios que antes. Porque en la actualidad, debido a la conflagración casi generalizada de guerra demencial, muchas fronteras han dejado de existir, el mundo es como un campo revuelto con tantos problemas y sufrimientos, donde muchas opiniones cambian y las enemistades van disminuyendo y, en particular, parece ser que en cada bando aumentan los deseos de reforma.

constituere videntur ad alterum quod supra jam dixi problema solvendum, scilicet dissidentium fratrum quam maxime exoptatus redi-
tus ad unitatem Corporis Christi, quad est Ecclesia.

Anhelitus hic est Sacratissimi Cordis Jesu, in ilia ad Patrem antequam pateretur oratione manifestatus: «Ut omnes unum sint».

Omnibus quidem interest hunc divinum anhelitum complere;
ego candide Tibi fateor, a primis annis mei sacerdotii ad hoc magnum problema totis viribus animum vertisse; atque ita «Octavam
precum pro unitate Ecclesiae" diebus 18-25 Januarii habendam pro-
pagare coepi; in una domorum nostrae Congregationis diurnam
Eucharisticam adorationem ac preces publice faciendas pro unitate
ab Episcopo Diocesano impetravi; ad eundem finem literas huc illuc
pro opportunitate mittere humiliter curavi, et alia similia opera, in
mea paupertate, peragere studui.

Sed Tu quoque mihi videris in Domino multum conferre posse,
magna qua polles auctoritate, non solum in nobilisima Patria Tua,
sed etiam in aliis terris. Quomodo autem et quibus mediis Tuae relinquo prudentiae; pauper ut sum ego enixe orare promitto, ut Deus
et Dominus noster Jesus Christus illuminare et confortare dignetur,
ut aliquid majoris momenti perficere queas in vinea Domini, ut tandem videre possit: «Unum ovile et unus Pastor».

Veniam obsecro mihi concedas, pro libertate qua Tecum uti ausus
sum; Si quid vero mihi scribere volueris, scito pergratam rem mihi
Te facturum.

Tuis orationibus enixe me commendo, necnon pueros et fratres mihi commissos; hanc caritatem Tibi rependere, pro paucitate

Todas estas cosas parecen apuntar hacia la solución de aquel otro problema que había mencionado anteriormente, esto es, el gran anhelo por el retorno de los hermanos disidentes a la unidad del cuerpo de Cristo, el cual es la Iglesia.

Por ello, el muy sagrado corazón de Jesús anhela que se manifieste aquella oración suya a su Padre antes de su martirio: «para que todos sean uno».

Nos concierne a todos que este anhelo divino llegue a cumplirse. Le confieso que desde los primeros años de mi sacerdocio he prestado atención a este problema con todas mis fuerzas. Y por ello he empezado con un «octavario por la unidad de los cristianos», desde el 18 al 25 de enero. En una de las casas de nuestra congregación, he logrado obtener de parte del obispo diocesano el permiso para rendir culto al Sacramento durante todo el día y elevar oraciones públicas por la unidad de la iglesia. Con este mismo propósito, humildemente me he tomado la molestia, según se me presente la oportunidad, de enviar cartas por doquier y he intentado, en mi pobreza, realizar otras tareas parecidas.

Pero me parece que, gracias al Señor, usted también ha sido capaz de aportar mucho, por medio de su gran influencia no solo dentro de su propio y noble país, sino también en otras tierras. Dejo en su prudencia la manera y los medios por los cuales cumple esta labor. Dado que soy pobre, le prometo que oraré intensamente para que Dios y nuestro Señor Jesucristo tenga a bien iluminarlo y fortalecerlo para que sea capaz de lograr una gran obra en la viña del Señor, y con ello por fin se pueda ver que «hay un rebaño y un Pastor».

Ruego a Dios que me perdone por haberme tomado la libertad de establecer contacto con usted. Si hay algo que usted quisiera escribirme, le aseguro que de mi parte será bien recibido.

Me encomiendo de todo corazón a sus oraciones y también lo hago en nombre de los niños y hermanos que están bajo mi cuidado. Será una alegría devolverle el favor respecto a este acto de caridad

virium mearum, quotidie praesertim in augustissimo Missae sacrificio celebrando dulce mihi erit.

In fraterno amplexu, benedictionem Dei Patris, et Filii, et Spiritus Sancti, per intercessionem Beatae Mariae Virginis, Tibi ac Tuis adprecans, me humiliter signo Tuus in Corde Jesu...

DON CALABRIA

# 2

Magdalen College
Oxford
6 de septiembre de 1947

*Reverende Pater,*

*Epistolam tuam* plenam caritate et benevolentia grato animo accepi. Scito et mihi causam doloris et materiam orationum esse hoc schisma in corpore Domini, gravissimum intrantibus scandalum, quod etiam omnes fideles reddit debiliores ad communem hostem repellendum. Ego tamen laicus, immo laicissimus, minimeque peritus in profundioribus sacrae theologiae quaestionibus. Conatus sum id facere quod solum facere posse mihi videor: id est, quaestiones subtiliores de quibus Romana Ecclesia et Protestantes inter se dissentiunt omnino relinquere (episcopis et eruditis viris tractandas) propriis vero libris ea exponere quae adhuc, Dei gratia, post tanta peccata tantosque errores communia sunt. Neque inutile opus: vulgus enim video ignorare de quam multis etiam nunc consentimus – adeo ut hominem inveni qui credebat vos negare Trinitatem Dei! Praeter illud opus, semper putavi mihi quam maxime cum omnibus qui se

en la medida de mis posibilidades, aunque sean pobres, en especial por medio de la celebración del más augusto sacrificio de la misa.

Con abrazo fraterno, que la bendición de Dios Padre, Hijo y Espíritu Santo, y la intercesión de la bendita Virgen María, suplico por usted y los suyos, y humildemente me despido en el nombre del corazón de Jesús...

DON CALABRIA

# 2

Magdalen College
Oxford
6 de septiembre de 1947

*Reverendo padre:*

Le agradezco su carta, que abunda en amor y buena voluntad. Tenga por cierto que para mí también el cisma en el cuerpo de Cristo es causa de dolor y un asunto al cual dedico mis oraciones, dado que es la mayor piedra de tropiezo para los que se unen a nosotros e incluso causa que los fieles muestren debilidad para repeler a nuestro enemigo común. Sin embargo, soy laico, el más lego de todos, y el menos hábil en las cuestiones más profundas de la teología. He intentado hacer la única cosa que creo que soy capaz de hacer: esto es, dejar completamente a un lado las sutiles interrogantes que causan desacuerdos entre la iglesia romana y los protestantes —asuntos que deberían ser tratados por obispos y eruditos— y, más bien, exponer en mis libros aquellos asuntos que aún, por la gracia de Dios, luego de muchos pecados y errores, compartimos todos nosotros. Tampoco es una tarea inútil; porque me he dado cuenta de que la gente no está consciente de en cuántas cosas estamos de acuerdo, es tanta la ignorancia que me he topado con algunos que creen que ustedes niegan la Trinidad. Además de esta vocación, siempre me

Christianos appellant fraternaliter conversandum: id quod si omnes strenue fecerint, nonne licet sperare eam dilectionis et operationum unitatem multis annis praecedere, necnon fovere, seriorem doctrinarum redintegrationem? Tertio loco restant (quod validissimum est) orationes.

Consuetudo latine scribendi mihi per multas annos non usitata! Si quem soloecismum fecerim veniam peto.

Oremus pro invicem. Cordialiter paternae tuae caritati me commendo in Domino nostro.

C. S. LEWIS

3

Magdalen College
Oxford
20 de septiembre de 1947

*Reverende Pater –*

Alteram tuam epistolam, 15 die Sept. scriptam, grato animo accepi.

Hora, ut dicis, vere Satanae est: sed spei nonnullas scintillas in tenebris video.

Communia pericula, communes aerumnae, commune fere omnium hominum in gregem Christi odium et contemptus possunt, Dei gratia, multum conferre ad sanandas divisiones nostras; qui enim eadem, ab eisdem, pro eodem, patiuntur, vix possunt non amare inter se. Equidem crederem Domini in animo esse (postquam leniora medicamina recusavimus) nos ipsa persecutione et angustiis in unitatem cogere. Satanas ille procul dubio nihil aliud est quam malleus in manu benevoli et severi Dei.

36

ha parecido que debo mantener la mayor cantidad de interacción fraternal con aquellos que se llaman cristianos. Si todos hiciésemos esto, acaso con ello no tendríamos la esperanza de que a la larga esta unidad de amor y obras sería un anticipo —por no decir que fomentaría— una eventual reunificación de las doctrinas. En tercer lugar, nos resta nuestras oraciones, que son eficaces.

La costumbre de escribir en latín no la he sabido mantener por muchos años. Pido sus disculpas si he cometido algún error de solecismo.

Oremos unos por otros. Me encomiendo de todo corazón a su amor paternal en el nombre de nuestro Señor.

C. S. LEWIS

# 3

Magdalen College
Oxford
20 de septiembre de 1947

*Reverendo padre:*

Me alegró recibir su carta con fecha del 15 de septiembre.

Como usted dice, ciertamente es el tiempo de Satanás. Sin embargo, puedo ver algo de esperanza en medio de la oscuridad.

Los peligros y las cargas comunes, y el odio y el desprecio casi universal contra el rebaño de Cristo pueden contribuir bastante, por la gracia de Dios, a sanar nuestras divisiones. Porque a aquellos que sufren lo mismo de parte de la misma gente por causa de la misma Persona se les hace imposible dejar de amarse los unos a los otros.

Ciertamente podría creer que todo ello es el designio de Dios, dado que nos hemos negado a remedios más leves con el fin de lograr nuestra unión, incluso por medio de la persecución y el sufrimiento. Sin lugar a duda, Satanás es tan solo un martillo en manos

Omnes enim aut volentes aut nolentes voluntatem Dei faciunt: Judas et Satanas ut organa aut instrumenta, Johannes et Petrus ut filii.

Etiam nunc videmus aut majorem caritatem aut certe minus odium inter divisos Christianos esse quam fuit ante C annos: cujus rei mini videtur (sub Deo) principalis causa esse gliscens superbia et immanitas infidelium. Hitlerus, insciens et nolens, maxime ecclesiae profuit!

Libros quos tu te missurum esse pollicitus es cum gratiarum actione expecto. Ceterorum mearum operum nullum in Italica lingua exstat: alioquin missurus eram.

Utinam pestifera illa «Renascentia» quam Humanistae efficerunt non destruxerit (dum erigere earn se jactabant) Latinam: adhuc possemus toti Europae scribere.

Orationes tuas, dilecte pater, adhuc oro. Vale,

C. S. LEWIS

# 4

Magdalen College
Oxford
3 de octubre de 1947

*Reverende Pater —*

Duos libros (Amare et Apostolica Vivendi Forma) grato animo accepi. Nomen auctoris non invenio sed puto vestros esse. Lectionem incipere adhuc non potui: nunc enim hora est negotiorum

de un Dios benevolente y severo. Porque todos, ya sea voluntaria o involuntariamente, hacen la voluntad de Dios: Judas y Satanás en calidad de instrumentos, Juan y Pedro en calidad de hijos.

Incluso al presente vemos más caridad o, de hecho, menos odio entre cristianos separados que lo que solíamos ver hace un siglo. La causa principal de todo ello (bajo Dios) me parece que es el hinchado orgullo y la barbarie de los incrédulos. Hitler, sin saberlo y a regañadientes, le hizo un gran favor a la iglesia.

Espero con muchas ansias los libros que usted me ha prometido enviarme. Ninguno de mis otros libros ha sido traducido al italiano. De haber sido así, se los habría enviado.

Si tan solo aquel latoso Renacimiento, que los humanistas trajeron consigo, no hubiese *destruido* el latín (¡y lo destruyeron justo cuando se enorgullecían de estar promoviéndolo!) estaríamos hasta el día de hoy escribiéndonos con toda Europa.

Querido padre, aún ruego por sus oraciones.

Me despido,

C. S. LEWIS

# 4

Magdalen College
Oxford
3 de octubre de 1947

*Reverendo padre,*

Me siento complacido de haber podido recibir dos libros, *Amare* y *Apostolice vivendi forma*. No he podido encontrar el nombre del autor pero creo que provienen de su congregación.

Todavía no me ha sido posible leerlos, porque en estos momentos mi tiempo está saturado con el retorno de los estudiantes luego de

plenissima, qua iuvenes ex feriis in collegium redeunt et nos magistri sentimus primi parentis maledictionem *in sudore vultus* etc.! Futura otia et voluptatem legendi vestros libros expectamus. Vale et habe me semper in orationibus tuis,

C. S. LEWIS

# 5

Magdalen College
Oxford
25 de noviembre de 1947

*Dilecte Pater* – Quamquam vernacula Italica facilior et magis nota mihi est apud Boiardum et Ariostum quam apud hodiernos tractata, *Ut omnes unum sint* grato animo perlegi: in quo multa placent. Nonnulla autem nequeo concedere de quibus pauca rescribam, filiali licentia qua (credo) me uti volebas.

1. De omnipotentia verbi Domini qui ipse Verbum est, quatenus est verbum imperans, consentio. De omnipotentia ejusdem verbi, quatenus orario est, haesito. Potest enim responderi quod ipse in horto Gethsemane oravit nec impetravit. Deinde, nonne est terribilis veritas, liberum arbitrium mali hominis posse Dei voluntati resistere? Omnipotentiam enim suam modo quodam restrinxit ipso facto creandi liberam creaturam et legimus nescio qua regione Dominum *non potuisse* miracula facere quia defuit fides in hominibus.

2. Totam causam schismatis in peccato esse non pro certo habeo. Concedo nullum schisma esse sine peccato, sed altera propositio alteram haud necessarie consequitur. Ex vestris Tetzel, ex nostris Henricus VIII, perditi homines erant: adde, si vis, ex vestris Papam Leonem, ex nostris Lutherum (quamquam egomet de ambobus

sus vacaciones y nosotros los tutores empezamos a experimentar la maldición de nuestros primeros padres, *con el sudor de tu rostro, etc.*

Esperamos con ansias un tiempo de descanso y poder tener el placer de leer sus libros.

Me despido y le ruego que me tenga en sus oraciones.

C. S. LEWIS

# 5

Magdalen College
Oxford
25 de noviembre de 1947

*Querido padre:*

Si bien se me hace más fácil el italiano vernáculo y lo conozco mejor, el de las páginas de Boiardo o de Ariosto, que el italiano de autores contemporáneos, he tenido el placer de leer *Ut omnes unum sint,* y concuerdo bastante con él. Sin embargo, no estoy de acuerdo con algunos asuntos y comentaré brevemente sobre estos, apelando a esa libertad filial que usted desea que yo ejercite.

1. Respecto a la omnipotencia de la Palabra de Dios, y que Él mismo es la Palabra, estoy de acuerdo con ello siempre y cuando se trate de una palabra de mando. Dudo de ella siempre y cuando se trate de una palabra de ruego. Porque se podría replicar que Él mismo, en el huerto de Getsemaní, rogó, pero no le fue otorgado su ruego. A continuación, ¿acaso no es una terrible verdad que el libre albedrío de un hombre malo pueda resistir la voluntad de Dios? Porque, de cierta manera, Dios ha limitado su propia omnipotencia por el mismo hecho de haber creado hombres libres, y leemos que al Señor *no le fue posible* hacer milagros en ciertos lugares por la poca fe de la gente.

2. No estoy convencido de que toda la causa del cisma se encuentre en el pecado. Estoy de acuerdo en que no hay cisma sin pecado, pero

mitiorem sententiam darem) sed quid sentiam de vestro Thoma Moro, de nostro Gulielmo Tyndale? Tota opera et hujus et illius nuper perlegi. Ambo mihi videntur esse viri sanctissimi et toto cardo amare Dominum: neque hujus nec illius caligas solvere dignus sum. Attamen dissentiunt et (id quod me torquet et attonitum habet) illa dissensio mihi videtur non ex vitiis nec ex ignorantia eorum, immo ex virtutibus et fidei eorum penetralibus oriri – ita ut quo optimi sunt eo maxime dissentiunt. Credo Dei judicium de hac dissensione altius absconditum esse quam tibi videtur: etenim judicia ejus abyssus.

3. Quo scribis Papam esse *il punto d'incontro* fere committis (liceat mihi venia vestra dicere) id quod logici vocant *petitionem principii*. Nam de nihilo magis quam de auctoritate Papae dissentimus: ex qua dissensione ceterae fere omnes dependent.

Quo scribis nos omnes debere quam celerrime contra communem hostem (vel hostes «nomen Legio est») opponere unitatem caritatis et morum Christianorum, toto corde consentio. Disputationes magis aggravant schismata quam sanant: communis operatio, oratio, fortitudo, communes (si Deus voluerit) mortes pro Christo adunabunt. Dixit Dominus «si quis fecerit voluntatem Patris, doctrinam sciet» (meis verbis exprimo sensum quia Novum Testamentum latine redditum hodie sub manibus non est). Faciendo veritatem quam iam scimus, in veritatem quam adhuc ignoramus progrediamur. Tunc procul dubio unum erimus: veritas enim una.

Oremus pro invicem: et pro Gallia quae sub periculis jacet.

Vale, in Domino

C. S. LEWIS

una afirmación no necesariamente conduce a la otra. Desde su punto de vista, Tetzel, y desde el nuestro, Enrique VIII, fueron hombres perdidos. Y desde su lado, el papa León X, y desde el nuestro, Martín Lutero (si bien yo juzgo a ambos con menor dureza). ¿Pero qué debo pensar de su Tomás Moro o de nuestro William Tyndale? He leído recientemente todos los escritos de ambos. Me parecen los hombres más santos que he encontrado y que amaron a Dios con todo su corazón. De ninguno de ellos soy digno de desatar las correas de sus sandalias. Sin embargo, tuvieron desacuerdos; y sus desavenencias surgieron no de sus propias faltas o de su ignorancia, sino de sus propias virtudes y de lo más profundo de su verdadera fe. Su máxima disensión sucedió en los pensamientos en que ellos destacaban a lo sumo. Estoy convencido de que el juicio de Dios respecto a la disensión entre ellos está más oculto de lo que aparenta estar para usted, porque sus juicios [son] como el gran abismo.

3. Donde usted escribe que el papa es «el punto de encuentro» casi ha cometido (si me perdona) lo que en lógica se conoce por *petitio principii* (que cierra la discusión). Porque nuestro desacuerdo no es otra cosa que la autoridad del papa: del que penden todos los demás.

Donde usted escribe que debemos oponernos cuanto antes a nuestro enemigo común (o enemigos, pues se llaman Legión) con la unidad de la caridad y la vida cristiana, concuerdo de todo corazón. Las disputas contribuyen más a agravar el cisma que a sanarlo. Las obras unidas, la oración, la fortitud y (si así Dios lo dispone) los martirios comunes por la causa de Cristo nos unirán. El Señor ha dicho: «Porque todo aquel que hace la voluntad de mi Padre, conocerá la doctrina» (recurro a mis propias palabras para expresar el sentido de la Escritura porque no tengo a mano mi Vulgata). Avancemos hacia la verdad que aún ignoramos, cuando llevemos a la práctica la verdad que ya conocemos. Entonces, sin duda alguna, seremos uno, porque la verdad es una sola.

Oremos unos por otros y por Francia, que se encuentra en peligro.

Me despido en el Señor,

C. S. LEWIS

# 6

Magdalen College
Oxford
13 de enero de 1948

*Dilectissime Pater,*

Grato animo accepi salutationes tuas et vota tua. «Prosint omina» scripsisti et re vera omina fuisse invenio. Nuper enim (quamquam externa meae vitae conditio in melius non mutata est) placuiit Domino tranquilitatem magnam, immo hilaritatem, in meum animum infundere. Gratias ago cum timore, quippe qui in mente infixam teneam illam salubrem sententiam in libro *De lmitatione Christi* «memento in gratia quid sine gratia sis». Utinam in aeternam constantiam sine vicissitudinis umbrâ pervenissemus! Octavam instare precum non ignorabam et valde probo. Pro Gallia nuper servata ex tantis tam corporalibus quam spiritualibus periculis gratias agamus. In quotidianis meis orationibus locum semper habes, et medicus quidam Lodetti Veronensi qui nuper fraterna epistola me confortavit. Fortasse vir tibi notus. Vale, care pater, et semper memoriam facias tui conservi in Christo

C. S. LEWIS

# 6

Magdalen College
Oxford
13 de enero de 1948

*Dilectísimo padre:*

Le agradezco sus saludos y sus buenos deseos. Usted me escribió «le auguro buenos presagios» y verdaderamente le confieso que ha habido buenos presagios. Porque recientemente (si bien la condición externa de mi vida no ha mejorado) le ha placido a Dios derramar sobre mi alma una gran tranquilidad, incluso podría decir un regocijo. Reconozco que doy gracias a Dios no sin aprensión, como uno que firmemente mantiene en mente aquella percepción saludable de la *Imitación de Cristo:* «recuerda por la gracia, qué sería de ti sin la gracia». ¡Ojalá hubiéramos alcanzado la constancia eterna sin la vicisitud del cambio!

No me percaté del octavario que se acerca, de las oraciones por la unidad, con las que estoy firmemente de acuerdo.

Demos gracias a Dios por Francia, que hace poco se ha salvado de aquellos peligros, tanto físicos como espirituales.

Usted siempre tendrá un lugar en mis oraciones y además tiene cerca un médico, el doctor Lodetti de Verona, que hace poco me dio ánimos por medio de una carta fraternal. Quizá usted lo conozca. Hasta pronto, querido padre, y que siempre se acuerde de su colega y siervo en Cristo.

C. S. LEWIS

# 7

Magdalen College
Oxford
27 de marzo de 1948

*Dilectissime Pater,*

*Epistolam tuam* plenam (ut soles) caritate grato animo accepi. Dura et inquieta sunt omnia —bella et rumores belli— fortasse non *hora novissima* sed certi tempora pessima. Attamen Apostolus iterum atque iterum jubet «gaudete». lpsa naturalis mundi facies jam vere novo renovata proprio modo suo idem jubet. Credo homines hujus aetatis (et inter eos te, pater, et me) nimium cogitare de gentium statu, de rerum saecularium summa. Nonne monet nos auctor *lmitationis* ne nimis implicemur talibus rebus? Non reges, non senatores sumus. Caveamus ne dum frustra de Europae fato cruciamur negligamus aut Veronam aut Oxoniam. In paupere qui ad meam portam pulsat, in matre aegrotante, in juvene qui consilium meum petit, ipse Dominus adest: ergo ejus pedes lavemus. Semper credidi recte sentire illum infidelem Voltaire dum monet *Hortum tuum exerce*: necnon Gulielmum Dunbar (Scoticum poetam qui XVmo saeculo floruit) dum dicit

Vir, place Creatori tuo, et hilari esto animo;
Totum vero hunc mundum unius aestimemus assis.

# 7

Magdalen College
Oxford
27 de marzo de 1948

*Dilectísimo padre:*

Me alegró recibir su amorosa carta (como es costumbre suya).

La situación por doquier es problemática y nada fácil: guerras y rumores de guerras; quizá no sea la hora final, pero ciertamente son tiempos de maldad.

Sin embargo, el apóstol una y otra vez nos anima a que nos «regocijemos». La propia naturaleza nos anima a lo mismo, la misma faz de la tierra que se renueva, a su propia manera, al principio de la primavera.

Creo que los hombres de estos tiempos (y entre ellos, usted y yo) pensamos demasiado acerca del estado de las naciones y la situación del mundo. ¿Acaso el autor de la *Imitación de Cristo* no nos advirtió que no nos involucremos demasiado en estos asuntos?

No somos reyes ni senadores. Tengamos cuidado, no sea que, mientras nos torturamos en vano por el destino de Europa, descuidemos tanto a Verona como a Oxford.

El propio Señor se manifiesta en el indigente que toca a mi puerta, en mi anciana madre y en el joven que busca mi consejo. Por tanto, lavemos los pies del Señor.

Siempre he creído que Voltaire, a pesar de que era un incrédulo, estuvo en lo correcto cuando nos advirtió que cultivásemos nuestro propio jardín; así mismo, William Dunbar (el poeta escocés que floreció en el siglo xv) nos dijo:

¡Hombre, complace a tu Creador y vive contento;
Porque nada vale en este mundo cruento!

Cras celebrabimus gloriosam Christi resurrectionem: tui in sacra communione memor ero. Abeste lacrimae, timores, taedia! Natura nostra cum ipsa Deitate aeterno conjugio adunata in caelum caelorum ascendit. Adhuc nos «miseros» vocare impietatis esset. Immo, HOMO est creatura cui inviderent angeli si invidere possint. Sursum corda: *forsan et hace olim meminisse juvabit.*

Pro litania ista a Cardinale Merry composita, multas gratias ago. Num sciebas omnes temptationes contra quas preces fundit mihi nimium et diu cognitas esse? *Desiderio di essere stimato... timore di essere rifiutato...* uhé, compungis me!

Semper oremus pro invicem. Vale.

C. S. LEWIS

Collegium Stae Mariae Magdalenae
apud Oxonienses
Aug. X a.s. 1948

*Grato animo, Pater dilectissime, litteras tuas accepi.*

Cur dubitas te locum tuum in orationibus meis et adhuc habere et habiturum esse? Nostram rempublicam in lubrico versari recte judicas. Apud nos conflictus est haud acrior quam in Italia sed quodam modo difficilior. Vestri *Sinistrales* (ut ita dicam!) Atheismum suum confitentur, immo jactant, lupi sunt et lupi esse videntur. Nos patimur multitudinem luporum ovilibus vestimentis vestitorum. Eorum qui injustitiam faciunt in re politica multi dicunt se Regnum Domini aedificare; nec dicunt solum sed fortasse credunt. Non enim nostri

Mañana celebraremos la gloriosa resurrección de Cristo. Me acordaré de usted durante la eucaristía. ¡Echaré fuera las lágrimas, los temores y problemas! Unidos en matrimonio con la eterna cabeza de la Deidad, nuestra naturaleza asciende al cielo de cielos. Por ello, sería impío decir que somos «miserables». Todo lo contrario, el hombre es una criatura que causa envidia a los ángeles (¿serán capaces de sentir envidia?). ¡Levantemos nuestros corazones! «Quizá nos deleitaremos de todas estas cosas en el futuro».

Muchas gracias por la letanía compuesta por el cardenal Merry. ¿Sabía usted que yo he estado plenamente consciente de todas las tentaciones contra las que él ha derramado estas oraciones? *Desiderio di essere stimato... timore di essere rifutato...* ¡Ahí ha dado en el clavo conmigo!

Oremos siempre unos a otros. Hasta pronto.

C. S. LEWIS

Desde la facultad de Santa María Magdalena
Oxford
10 de agosto del año de nuestra salvación 1948

*Con grato ánimo, dilectísimo padre, por su carta:*

¿Por qué duda usted de que aún ocupa y seguirá ocupando un lugar en mis oraciones?

Usted acierta cuando considera que nuestro país se encuentra en un terreno resbaladizo. Nuestra situación no es peor que la de Italia, pero en cierto sentido es más difícil.

Vuestros izquierdistas —o la siniestra, por decirlo así— se declaran ateos. Incluso se enorgullecen de ello. Son lobos y son vistos como lobos.

est corda discernere et caritas nihil malitiae imputat quod potest ex simplici stultitia et ignorantia evenire – «fert omnia, credit omnia». Mihi quidem videtur nihil in hoc statu rerum molestius esse quam quod quotidiana pugna contra odium (non dico inimicorum sed nostrum) nos exercet. Nunc etiam novae minae rumoresque belli oriuntur. Attamen saepe recurro ad apostolicum illud verbum «nulla temptatio nobis accidit nisi quae communis est hominibus – nondum ad sanguinem etc.». Gratias debemus agere pro omni fortuna; si «bona» est quia bona est, si «mala» quia operatur in nobis patientiam, humilitatem, et contemptum saeculi et spem aeternae Patriae.

Vale: semper oremus pro invicem.

C. S. LEWIS

Magdalen College
Oxford
Jan. XIV. 1949

*Lacto animo, Pater dilectissime*, epistolam tuam in die Natali Domini scriptam accepi eo gratiorem quia tam solemni hora me in memoria habere voluisti. Noli dubitare quin locum usitatum in orationibus meis teneas. Nunc vero montes et maria nos dividunt

*Soportamos* una manada de lobos vestidos con piel de ovejas. Muchos dicen que los que son injustos en la política lo son porque edifican el reino de Dios. Es que no solo lo dicen, también lo creen. Pues no tenemos la capacidad de discernir los corazones, y la caridad no le atribuye a la maldad aquello que haya sido cometido por estupidez o ignorancia, porque el amor «todo lo soporta, todo lo cree».

Para mí, nada de esta situación me parece más problemático que la pugna cotidiana contra el odio, no me refiero al odio contra nuestros enemigos, sino contra nuestra propia gente.

Ahora han surgido nuevas amenazas y rumores de guerra. Sin embargo, recurro siempre a aquella palabra del apóstol: «No os ha sobrevenido ninguna tentación que no sea humana», «Porque aún no habéis resistido hasta derramar sangre».

Debemos agradecer por toda nuestra suerte: si es «buena», agradecemos por ser buena, si es «mala», agradecemos porque produce en nosotros paciencia, humildad, desdén por este siglo y esperanza por nuestra patria eterna.

Me despido, oremos siempre unos por otros.

C. S. LEWIS

Magdalen College
Oxford
14 de enero de 1949

*Con un corazón feliz, dilectísimo padre,* he recibido su carta escrita el día de la Navidad, que me ha causado tanta alegría por haberse usted acordado de mí en una hora tan solemne.

nec scio quâ sis formâ corporis; placeat Deo ut olim in resurrectione corporum et inenarrabili illâ novitate congrediamur.

Quod ad meas labores pertinet, nollem te spe inani fallere. Iam quinquagesimum annum ago. Fervorem scribendi et priscum quidquid erat ingenii decrescere sentio: neque (credo) lectoribus, ut solebam, placeo. Multis aerumnis laboro. Domus mea inquieta, mulieribus rixis vastata, *inter tabernacula Kedar habitandum est,* Grandaeva mater, longa valetudine confecta, diurnae curae mihi est.

Ora pro me, Pater, ut semper in mente habeam praeclaram istam sententiam «si vis pacificare alios, tene *te* in pace». Haec scribo non quasi querelas sed ne forte credas me opera componere. Si Deo placuerit ut plura scribam, benedictus sit; si non placuerit, iterum benedictus sit. Fortasse animae meae saluberrimum erit et famam et ingenium perdere ne in vanam gloriam (malam pestem) lapsurus essem.

De istis parvis «magnis viris» quorum mentionem fecisti, tacebo. Magna minantur et magna pollicentur; utraque (fortasse) vana. Sollicitudo de rebus futuris frustra angit mentes mortales. Attamen, confiteor, saepe cogimur dicere «Quousque, Domine?».

Vale,

C. S. LEWIS

No tenga duda alguna de que usted sigue ocupando un lugar en mis oraciones. Ciertamente, ahora nos separan mares y montañas; tampoco conozco su aspecto físico. Pero ruego a Dios que en el más allá, en la resurrección del cuerpo, en aquella renovación indecible, nos permita conocernos.

Respecto a mi propio trabajo, no quisiera engañarlo con falsas esperanzas. Tengo cincuenta años de edad. Siento que decrece mi fervor para escribir y cualquier talento que originalmente haya tenido; tampoco (siento que) plazco a mis lectores como antiguamente solía hacerlo. Mi trabajo lo realizo bajo grandes dificultades. Mi hogar es agitado, desgarrado por riñas de mujeres. Vivo *entre las tiendas de Cedar*. Cuido diariamente de mi anciana madre, que adolece de una larga enfermedad. Ruego por sus oraciones, padre, para que tenga siempre presente esta frase: «si quieres pacificar a los demás, ten paz contigo mismo».

Le escribo todas estas cosas no para quejarme, sino para que no piense que soy complaciente. Si a Dios le place que escriba más libros, bendito sea. Y si le place lo contrario, también bendito sea. Quizá sea lo más saludable para mi alma que yo pierda fama e ingenio, no sea que caiga en aquella peste maligna: la vanagloria.

Guardaré silencio respecto a aquellos pequeños «grandes hombres» que usted mencionó. Amenazan a lo grande y prometen mucho, quizá con igual vanidad. Preocuparse por asuntos futuros causa angustia a las mentes mortales. Sin embargo, le confieso que a menudo nos sentimos obligados a decir: «¿hasta cuándo, Señor?».

Hasta luego,

C. S. LEWIS

# 10

Casa Buoni Fanciulli
Verona
PASCHA d.ni '49
17 de abril de 1949

*Dilectissime in Christo,*

Gratia et pax Christi exultet in corde tuo.

Dies sollemnes propinquant, quibus Resurrectionem Domini JESU celebramus. Mens mea ad te cotidie est, praesertim his diebus auspiciorum ad fratres et amicos. Pro te a Domino precor ut vota et desideria tua omnino adimpleantur.

Domini Jesus det tibi Suam pacem in osculo dilectionis! Te adjuvet in operibus bonis multiplicandis ad profectum tuae curae commissorum, ut eos ad caelestia desideria erigas in adipiscenda humana scientia. Super te, et super familiam tuam, splendeat jugiter sol laetitiae et jucunditatis in Domino; ut dies bonos et prosperos ducatis hac vita transeunte; ac tandem suo tempore Paradisum felicitatis aeternae ingredi valeatis, meritis onusti bonorum operum!

Haec vota mea in Paschate nostro.

Tempera bona veniant! Vox quidem Dei continuo ad nos clamat; ad mundum clamat, ut remotis peccatis regnum Dei quaeramus sincere. Utinam omnes audiamus hanc Patris vocem, et tandem aliquando ad Dominum convertamur! Det nobis Dominus Jesus ut his diebus suae Resurrectionis —post Passionem et Mortem pro nobis— adlaborare possimus ut familia humana resurgat in novitate vitae Christi et Domini.

Vale! et semper mei memoriam apud Deum feceris in precibus: misericordia Domini indigeo! Ego tui semper, cotidie, memor sum in meis precibus. Diligamus invicem nunc, ut invicem gaudeamus in Caelo.

# 10

Casa Buoni Fanciulli
Verona
Pascua de 1949
17 de abril de 1949

*Dilectísimo en Cristo:*

Que la gracia y la paz de Cristo sean causa de gozo en su corazón. Se acercan los días solemnes cuando celebramos la resurrección del Señor Jesús. Le tengo diariamente en mis pensamientos y en especial en estos auspiciosos días para los hermanos y amigos.

Que el Señor Jesús le dé su paz por medio de su beso de amor. Que le ayude a multiplicar sus buenas obras para el avance de la atención que usted ofrece a los jóvenes bajo su cuidado, para que con este aprendizaje humano usted pueda promover en ellos aspiraciones celestiales. Que el sol de gozo y alegría en el Señor brille constantemente en usted y su familia; para que con ello pueda disfrutar días prósperos en esta vida transitoria; y, al final, a su debido tiempo, pueda usted ingresar al paraíso de la felicidad eterna, lleno de los méritos de sus buenas obras.

Estas son mis oraciones para esta Pascua.

¡Que vengan buenos tiempos! Ciertamente, la voz de Dios nos llama diariamente; clama al mundo para que abandone sus pecados y busque el reino de Dios de todo corazón. Que todos podamos escuchar la voz del Padre y, finalmente, en algún momento podamos volvernos al Señor. Que el Señor Jesús nos permita en estos días que celebramos su resurrección —luego de su pasión y muerte por nosotros— que podamos ayudar a la familia humana a que resucite a la nueva vida de Cristo nuestro Señor.

Me despido y ruego que usted siempre se acuerde de mí en sus oraciones: ¡necesito la misericordia de Dios! Siempre me acuerdo de usted en mis oraciones diarias.

Ad pedes Crucifixi dictavi hanc litteram.

Leges in corde meo omnia quae dicere voluissem tibi si valetudo permisisset.

[Phrases retro scriptae]

# 11

E Collegio Stae Mariae Magdalenensis
apud Oxonios
Sept. xº A. D. mdccccxlix

*Dilecte Pater, nuper in scriniis meis* inveni epistolam tuam quam benevolo animo scripsisti Paschâ praesentis anni. Credo me nullum responsum misisse: quo silentio meo nihil minus civile, minus humanum, fieri potuit. Culpam agnosco, veniam peto. Nolo autem te credere aut memoriam tui ex animo aut nomen tuum ex orationibus meis quotidianis excidisse. Nihil enim aliud in causa erat nisi perpetuus scribendi labor necnon (ne nimis me exculpare videar) accidia quaedam – mala pestis et (credo) VII istorum mortalium vitiorum in me validissimum, quamquam hoc de me pauci credunt.

Ex brevi valetudine, Deo gratia, sanatus sum. Passus sum morbum quem medici olim *tonsilitim* anglice appellabant nunc vero splendidiore titulo *streptococcum*. Febris haud modica incumbebat et horas quasdam deliravit... o quam bene poeta vester scripsit de animis periditis qui *han perduto il ben dell intelletto*: quid enim supplicium atrocius? Nam dum mens alienatur nobismet videmur multo cogitationis negotio laborare syllogismos contexere, quaestiones subtilissimas tractare, nescientes tamen quid sit de quo cogitamus. Operatio mentis adest, opus abest.

He dictado esta carta al pie del Crucificado.

Usted podrá leer todo lo que desde mi corazón le habría dicho si mi salud me lo hubiera permitido.

[frases escritas al dorso]

# 11

Desde el College of St. Mary Magdalen
Oxford
10 de septiembre del año de nuestro Señor 1949

*Dilectísimo padre:*

Acabo de encontrar en mi escritorio la carta que usted me escribió benévolamente en la Pascua de este año. Creo que no le envié ninguna respuesta: este silencio mío no es nada civilizado ni humano. Reconozco mi culpa y le pido disculpas. Pero tampoco quisiera que piense que me he olvidado de usted o que ya no me acuerdo de su nombre en mis oraciones diarias. Porque la única causa de ello ha sido mi perpetua labor de escribir y (no sea que parezca exculparme demasiado) cierta pereza (acedía), una enfermedad maligna y, creo yo que, de entre los siete pecados capitales, es el que ejerce más fuerza en mí, aunque pocos lo creerán.

Agradezco a Dios que me haya podido sanar de una breve enfermedad. Sufrí de lo que los doctores solían llamar en inglés «tonsilitis»: pero ahora usan un nombre más espléndido, «streptococcus». Sufrí de fuertes fiebres y por algunas horas estuve delirante... Oh, cuán excelente escribió su poeta sobre aquellas almas perdidas que «han perdido la bondad del intelecto»: ¿acaso hay algún suplicio más atroz que este? Porque mientras la mente se aleja de nosotros, a nosotros mismos nos parece que nos esforzamos a duras penas pensando, tratando de elaborar silogismos, descifrando las interrogantes más sutiles; desconociendo, sin embargo, qué es lo que estamos

In hac insula gravis carentia imbris nos vexat. De aliis nationibus taceo. Quid enim ad me nisi ut magis magisque teneam infixa cordi Dominica verba «Audituri estis praelia et opiniónes praeliorum. Videte ne turbemini»?

Vale, mi pater, nec cesses ex paterna caritate apud communem Dominum (verum Deum et solum verum Hominem, ceteri enim nos omnes, post Adami lapsum, semihomines) mentionem mei facere vester,

C. S. LEWIS

# 12

Lettera del Padre D. Giovanni Calabria
al Prof. C. S. Lewis

Verona
18 sett. '49

*Dilectissime in Domino,*

Gratia tibi, pax a Deo nostro Christo Jesu, qui nos in partem sanctorum vocavit.

Pergratum mihi fuit solamen ex tuis litteris, quas nuper accepi. Ego valde cupiebam aliquod tui nuntium recipere post plures menses a tua epistola; timebam ne salus tua defecisset. Nunc Deo gratias ago de recuperata valetudine tua; et divinam benignitatem rogo ut tibi multos annos concedat quibus adlaborare possis ad Dei gloriam et fratrum salutem.

pensando. La *operación* de la mente está presente, pero su *obra* está ausente.

En esta isla sufrimos una grave sequía. No digo nada respecto a las demás naciones. Porque ¿qué me queda sino fijar mi corazón cada vez más en las palabras de nuestro Señor?:

«Oiréis hablar de guerras y de rumores de guerras; mirad que no os alarméis».

Me despido, padre; y en su caridad paterna no deje de interceder por mí delante de nuestro Señor (Dios verdadero y el único Hombre verdadero, porque todos nosotros, desde la caída de Adán, somos tan solo semihombres).

Suyo,

C. S. LEWIS

# 12

Carta del padre Don Giovanni Calabria
al profesor C. S. Lewis

Verona
18 de septiembre de 1949

*Dilectísimo en el Señor:*

Que la gracia y la paz de Dios y de nuestro Señor Jesucristo, que nos llamó para que seamos parte de sus santos, sea con usted.

Quedé muy agradecido por el consuelo de su carta que recibí hace poco. Porque luego de varios meses desde su última carta, anhelaba recibir noticias suyas; me temía que su salud se hubiese deteriorado. Pero ahora doy gracias a Dios por haberle devuelto la salud; y ruego a Dios para que le otorgue muchos años donde pueda laborar para la gloria de Dios y la salvación de los hermanos.

Ego semper tui memor sum; pro certo mihi videris vocatus ad missionem specialem in bonum proximi; hac hora, his temporibus difficillimis, divina Providentia poscit a nobis ut caritate compulsi Evangelium portemus manifeste, in vita nostra cotidiana, ita ut ceteri «videant opera nostra et glorificent Patrem».

Dona mentis et cordis, quibus polles, locum quem tenes coram juvenibus studio addictis, satis perspicua sunt signa divinae erga te voluntatis. Deus a te exspectat ut verbo et opere fratres adducas fortiter et suaviter ad Evangelium Christi.

Pulchre tu dicis nos semihomines esse, quia pleni miseriis et peccatis. Sed habemus Pontificem qui condolere potest, et dare nobis sufficientiam ad opus commissum explendum. Non quod simus validi ex nostris viribus; sed «sufficientia nostra ex Deo est».

Eja ergo, adlaboremus corde generoso, fide intrepida ad regnum Dei dilatandum, ad fratres nostros complectendos unitate fidei et dilectionis, ad pugnandum quam strenue ut amor Christi vincat, regnet et imperet in mundo universo. Sine Eo nihil possumus; sed «omnia possumus in Eo, qui nos confortat».

Haec anima recolo, dum coram Crucifixo de te recognito, et pro te preces effundo ut dignus magis magisque habearis miles Christi Jesu. Et tu memor sis mei, quo ad occasum vitae festino, ut Dei miseratione dignus inveniar et locum refrigerii ingrediar.

Semper in caritate Christi et Dei conjunctos nos invicem sentiamus in terris; et in gaudio caelesti compartipices nos faciat Deus bonus et clemens.

Siempre lo tengo en mis pensamientos; ciertamente me parece que usted ha sido llamado a una misión especial para el bien de su prójimo; en esta hora y en estos tiempos difíciles, la Divina Providencia exige de nosotros que, guiados por el amor, llevemos abiertamente el evangelio en nuestras vidas diarias para que los demás puedan ver «nuestras obras y glorifiquen al Padre». Los dones que usted ha recibido de mente y corazón, los cuales son sus fortalezas, el lugar que usted ocupa entre sus estudiantes, son señales lo suficientemente claras de la voluntad de Dios en su vida. Dios espera que por medio de sus palabras y obras usted pueda con firmeza y gentileza atraer a los hermanos al evangelio de Cristo.

Usted acierta cuando dice que somos semihombres porque estamos llenos de miserias y pecados. Sin embargo, tenemos un Sumo Sacerdote que es capaz de sufrir con nosotros y otorgarnos la fuerza necesaria para cumplir con la tarea que nos ha encomendado. No significa que seamos fuertes por nuestros propios medios; sino que «nuestra suficiencia proviene de Dios».

Entonces, trabajemos —con un corazón generoso y con una fe intrépida para la extensión del reino de Dios— para reunir a nuestros hermanos en la unidad de la fe y el amor, esforzándonos al máximo para que el amor de Cristo logre conquistar, reinar e imperar en todo el mundo. Sin Él no podemos hacer nada; pero «todo lo [podemos] en Cristo que nos fortalece».

Todas estas cosas las tengo presentes cada vez que pienso en usted cuando me acerco a la presencia del Crucificado; y derramo plegarias por usted para que cada vez más pueda ser considerado un digno soldado de Jesucristo. Y recuérdeme en sus oraciones, yo que ya me acerco al fin de mi vida, para que sea hallado digno de la misericordia de Dios y pueda alcanzar un lugar de descanso.

Que siempre nos sintamos unidos el uno al otro en esta tierra en el amor de Cristo y de Dios; y que el Dios Bueno y Misericordioso nos haga partícipes de su gozo en el cielo.

# 13

Magdalen College
Oxford
19 de noviembre de 1949

*Dilectissime Pater,*

Remitto ad te epistolam hodie acceptam in qua et oculos meos (jam admodum debiles) et parvam meam vestri vernaculi sermonis peritiam superavit chirographiae difficultas. Ne nomen quidem viri possum legere; sententiarum *disjecta membra* modo intellexi! Hanc chartam (Sibyllinum librum!) tibi remitto ne auctor, vir procul dubio plenus caritate, credat me inhumaniter neglexisse. Si Anglice vel Latine manu scripserit aut si Italice dactylographica machina usus fuerit communicatio intra nos fieri poterit. Interea et scriptori et tibi mitto fraternas aut filiales salutationes illas praesertim quae ad hoc beatum tempus pertinent quo nos iterum Bethlehem petimus et Sanctum Infantem; quem oremus ut nos, aetate et longa consuetudinae peccandi confectos novos homines reddat et ducat in regnum suum ubi nisi sub specie infantis nullus introitus est. Gaudeo quia Dominus qui ceteras miserias nostras omnes suscepit non voluit senilitatem suscipere; in Uno Vero Homine aeterna juventus. Valete et tu et ignotus ille scriptor.

C. S. LEWIS

# 13

Magdalen College
Oxford
19 de noviembre de 1949

*Dilectísimo padre:*

Le remito una carta que he recibido hoy, en la que tanto mi vista (que ya está débil) como mi poca destreza en su idioma han sobrepasado la dificultad de lo escrito. Hasta se me hace imposible leer el nombre del autor: apenas puedo entender los «miembros disyuntos» de sus oraciones. Le remito esta carta (¡libro sibilino!) no sea que su autor —sin duda un hombre lleno de amor— piense que con descortesía lo haya rechazado.

Si llegase a escribir en inglés o latín o incluso en italiano, que por favor lo haga con una máquina de escribir para que sea posible comunicarnos.

Mientras tanto, a usted y al autor de la carta, les envío mis saludos filiales y fraternos respectivamente, sobre todo saludos propios de estos felices tiempos en que buscamos de nuevo a Belén y al Santo Niño. Considerando que perdemos fuerzas por nuestra edad y por viejos hábitos pecaminosos, oremos para que nos haga nuevas personas y nos dirija a su reino, aquel reino en el que no se le permitirá entrar a nadie si no es como un niño. Me regocijo en que el Señor, quien cargó con todas nuestras miserias, decidiera no llegar a la vejez: en aquel único y verdadero Hombre vive la eterna juventud.

Me despido, tanto de usted como del autor desconocido,

C. S. LEWIS

# 14

Verona
17 dec. '49

*Dilectissime in Christo,*

Gratia tibi at pax, quae exsuperat omnem sensum et ab Angelo nuntiata est Bethlem.

Proximae sunt celebritates Natalis D. N. JESU Ch. et ego, hic sedens coram Crucifixo, recogito fratres et amicos, quos divina Providentia invenire me fecit. Te recogito, dilectissime frater, quocum vinculo arcto et dulci me sentio conjunctum ex quo epistolis nos cognovimus.

Gratias et dona tibi invoco a Puero Jesu in hac sacra sollemnitate Natalis; omnia quae cor tuum optat concedat tibi Deus omnipotens de sua miseratione. Et tuis omnibus det pacem et salutem, gaudium de corde puro atque perfecto, amorem et dilectionem sui.

Infans Jesus, repositus in praesepio, mihi videtur oculis ac manibus adhuc parvulis dicere hominibus omnibus: «Venite ad me, omnes; volo ut omnes unum sint...». Annus Sanctus Jubilei maximi, in quem intramus, sit annus pacis in caritate et unitate cordium!

Oremus ad invicem, ut desiderium Christi adimpleatur quam primum; et omnes de christiana familia adlaboremus ut fratres «habitent in unum»; omnes in novitate vitae ambulemus, ita ut ceteros omnes, qui vel ob neglegentiam vel praejudicatasque opiniones

# 14

Verona
17 de diciembre de 1949

*Dilectísimo en Cristo:*

Que la gracia y paz que excede todo conocimiento y que fue anunciada por el ángel en Belén sea con usted.

Nos acercamos a la celebración del nacimiento de nuestro Señor Jesucristo. Y yo me encuentro delante del Crucificado, recordando a mis hermanos y amigos que la Divina Providencia me ha permitido encontrar. Pienso en usted, mi dilectísimo hermano, con el que me siento unido por un dulce vínculo desde que entablamos contacto por carta.

Le pido al Niño Jesús su gracia y dones por usted durante esta sagrada y solemne celebración de su nacimiento; que el Dios Todopoderoso le otorgue por medio de su misericordia todo lo que su corazón anhela. Y a todos los suyos, que les otorgue paz y salvación, el gozo que nace de un corazón puro y perfecto y de su amor y favor.

El Niño Jesús, que yace en su cuna con aquellos pequeños ojos y manos, me parece que dice a todos los hombres: «vengan a mí todos ustedes; quiero que todos sean uno». Que el año santo del supremo jubileo en el que estamos por entrar sea un año de paz en el amor y la unidad de nuestros corazones.

Oremos unos a otros para que el anhelo de Cristo se cumpla lo más pronto posible; y que todos los de la familia cristiana nos esforcemos para esta meta, para que los hermanos «habiten en armonía». Que todos andemos en novedad de vida, para que por medio de la luz del testimonio de nuestra vida y nuestro buen fruto podamos traer al rebaño de Cristo a todos aquellos que por su negligencia o prejuicios se hayan apartado del camino.

aberrarunt, praelucenti exemplo vitae attrahamus ad ovile Christi, ad bonam frugem.

Haec animo meo recogito; haec vota mea, quae etiam tua sunt.

Vale, dilectissime frater; et pro me Deum exora.

# 15

Magdalen College
Oxford
13 de septiembre de 1951

*Dilectissime Pater,*

*Insolito gaudio* affectus sum tuâ epistolâ et eo magis quod audivi te aegritudine laborare; interdum timui ne forte mortem obisses. Minime tamen cessavi ab orationibus pro te: neque enim debet illud Flumen Mortis dulce commercium caritatis et cogitationum abolere. Nunc gaudeo quia credo (quamquam taces de valetudine – noli contemnere corpus, Fratrem Asinum, ut dixit Sanctus Franciscus!) tibi iam bene aut saltem melius esse. Mitto ad te fabulam meum nuper Italice versam; in qua sane magis lusi quam laboravi. Fantasiae meae liberas remisi habenas haud tamen (spero) sine respectu ad aedificationem et meam et proximi. Nescio utrum hujusmodi nugis dilecteris;

Estos son los pensamientos que me dan vueltas en la cabeza. Estas son mis oraciones, que también son suyas.

Me despido, mi dilectísimo hermano, y le pido que ruegue a Dios por mí.

# 15

Magdalen College
Oxford
13 de septiembre de 1951

*Dilectísimo padre:*

Su carta me ha causado un sorprendente gozo y aún más cuando me enteré de que usted estaba enfermo; a veces he sentido temor de que hubiera fallecido.

Pero ni en lo más mínimo he cesado de orar por usted; porque ni siquiera el Río de la Muerte podrá abolir el intercambio de amor y pensamientos.

Ahora me regocijo porque creo (si bien usted guarda silencio respecto a su salud; no desprecie el cuerpo, hermano asno, como decía san Francisco) que usted está bien o por lo menos su salud ha mejorado.

Le estoy enviando mi cuento que recientemente se tradujo al italiano, en el que francamente me he divertido más que trabajado. Le he dado rienda suelta a mi imaginación, no sin antes, espero, haberlo hecho para la edificación, me refiero a la edificación de mi prójimo y la mía propia.

Desconozco si a usted le agradará esta clase de pequeñez. En caso de que no le agrade, quizá le agrade a algún niño o niña de entre sus «buenos niños».

at si non tu, fortasse quidam juvenis aut puella ex *bonis* tuis *liberis* amabit. Equidem post longam successionem modicorum morborum (quorum nomina Italica nescio) iam valeo. Quinquagesimum diem natalem sacerdotii tui gratulationibus, precibus, benedictionibus saluto. Vale. Oremus pro invicem semper in hoc mundo et in futuro.

C. S. LEWIS

# 16

e Collegio S. Mariae Magdalenae
apud Oxonienses
Die S. Stephani MCMLI
(26 de diciembre de 1951)

*Dilectissime Pater,*

Grato animo epistulam tuam hodie accepi et omnia bona spiritualia et temporalia tibi in Domino invoco. Mihi in praeterito anno accidit magnum gaudium quod quamquam difficile est verbis exprimere conabor.

Mirum est quod interdum credimus nos credere quae re verâ ex corde non credimus. Diu credebam me credere in remissionem peccatorum. Ac subito (in die S. Marcí) haec veritas in mente mea tam manifesto lumine apparuit ut perciperem me numquam antea (etiam post multas confessiones et absolutiones) toto corde hoc credidisse. Tantum distat inter intellectus mera affirmatio et illa fides medullitus infixa et quasi palpabilis quam apostolus scripsit esse *substantiam*.

Fortasse haec liberatio concessa est tuis pro me intercessionibus! Confortat me ad dicendum tibi quod vix debet laicus ad sacerdotem, junior ad seniorem, dicere. (Attamen *ex ore infantium*: immo olim ad Balaam ex ore asini!). Hoc est: multum scribis de tuis peccatis. Cave

Respecto a mí, luego de una larga secuencia de enfermedades menores (desconozco sus nombres en italiano) ahora me encuentro mejor.

Lo felicito por el quincuagésimo aniversario de su sacerdocio y le hago llegar mis oraciones y bendiciones.

Me despido. Que siempre oremos el uno por el otro, tanto en esta vida como en la venidera.

C. S. LEWIS

# 16

Desde el College of St Mary Magdalen
Oxford
26 de diciembre
Día de san Esteban, 1951

*Dilectísimo padre:*

Le agradezco la carta de parte suya que he recibido el día de hoy e invoco sobre usted todas las bendiciones espirituales y temporales del Señor.

Respecto a mí, me aconteció un gran gozo durante el año pasado. Es algo difícil de explicar e intentaré hacerlo con palabras.

Es algo sorprendente darse cuenta de que a veces uno cree que cree lo que realmente uno no cree en su corazón.

Por un largo tiempo yo creía que creía en el perdón de los pecados. Pero, súbitamente (en el día de san Marcos) esta verdad hizo su aparición en mi mente de una manera tan clara que la percibí como nunca antes (y luego de muchas confesiones y absoluciones) si la hubiese creído con todo mi corazón.

(liceat mihi, dilectissime pater, dicere *cave*) ne humilitas in anxietatem aut tristitiam transeat. Mandatum est *gaude et semper gaude*. Jesus abolevit chirographiam quae contra nos erat. Sursum corda! Indulge mihi, precor, has balbutiones. Semper in meis orationibus et es et eris. Vale.

C. S. LEWIS

# 17

Magdalen College
Oxford
14 de abril de 1952

*Pater dilectissime,*

Multum eras et es in orationibus meis et grato animo litteras tuas accepi. Et ora tu pro me, nunc praesertim, dum me admodum orphanum esse sentio quia grandaevus meus confessor et carissimus pater in Christo nuper mortem obiit. Dum ad altare celebraret, subito, post acerrimum sed (Deo gratias) brevissimum dolorem,

Es muy grande la diferencia entre una simple afirmación del intelecto y esa fe, la que se fija en la médula como si la pudiésemos palpar, la que el apóstol describió como *substantia*.

Quizá, gracias a su intercesión por mí, se me haya concedido esta liberación.

Esto me anima a decirle algo que un laico difícilmente debería decir a un sacerdote ni un joven a su mayor. (Aunque *de la boca de los niños...*; ciertamente, como a Balaam, de la boca de un asno.)

Así es: usted escribe mucho acerca de sus propios pecados. Tenga cuidado (permítame decirle que tenga cuidado, mi dilectísimo padre) no sea que la humildad se convierta en ansiedad o tristeza. Se nos manda «que nos regocijemos, que siempre nos regocijemos». Jesús ha anulado la condena que pesaba contra nosotros. ¡Levantemos el corazón!

Le ruego que me perdone estos balbuceos. Siempre lo tengo y lo tendré en mis oraciones.

Me despido.

C. S. LEWIS

# 17

Magdalen College
Oxford
14 de abril de 1952

*Padre dilectísimo,*

Usted siempre ha estado y está presente en mis oraciones. Le agradezco por sus cartas. Le ruego que ore por mí, especialmente en estos momentos cuando me siento huérfano debido a que mi confesor y amadísimo padre en Cristo acaba de morir. Falleció mientras se encontraba celebrando el culto a Dios, cuando de pronto, sufrió

expiravit, et novissima verba erant *venio, Domine Jesu*. Vir erat maturâ spirituali sapientiâ sed ingenuitate et innocentiâ fere puerili – *buono fanciullo*, ut ita dicam.

Potesne, mi pater, quaestionem resolvere? Quis sanctorum scriptorum scripsit «Amor est ignis jugiter ardens»? Credidi haec verba esse in libro *De lmitatione Christi* sed non possum ibi invenire.

«Ut omnes unum sint» est petitio numquam in meis precibus praetermissa. Dum optabilis unitas doctrinae et ordinis abest, eo acrius conemur caritatis unionem tenere: quod, eheu, et vestri in Hispania et nostri in Hibernia Septentrionali non faciunt.

Vale, mi pater,

C. S. LEWIS

# 18

e Coll. Stae Mariae Magdalenae
Jul. XIV MCMLII

Gratias ago, dilectissime pater, et pro opusculis Congregationis vestrae et pro hac epistolâ Jul vii datâ. Hora nostra, ut dicis, gravis est: utrum gravis «prae omnibus humanae historiae» nescio. Sed semper malum quod proximum et gravissimum videtur esse; est enim, ut oculis, sic cordibus, sua «perspettiva». Si tamen nostra tempestas rê verâ pessima est, si rê verâ Dies Illa nunc imminet, quid restat nisi ut gaudeamus quia redemptio nostra iam propior est et dicamus

un dolor intenso, pero breve (gracias a Dios); sus últimas palabras fueron: «voy a ti, Señor Jesús». Fue un hombre con una madurez espiritual de muchos años. Poseía una mente noble, pero con una sencillez e inocencia casi de niño: «buono fanciullo», si se me permite describirlo así.

¿Podría, padre, aclararme una duda? ¿Quién fue de entre los escritores sagrados el que escribió «*Amor est ignis jugiter ardens*»*? Creía que estas palabras se encuentran en la *Imitación de Cristo*, pero no me ha sido posible ubicarlas.

«Para que todos sean uno» es una petición que jamás me olvido de incluir en mis oraciones. Mientras que el anhelo por la unidad de doctrina y orden sigue distante, con más empeño intentemos guardar el vínculo del amor: el cual es una pena que su gente en España y la nuestra en Irlanda del Norte no lo guarden.

Me despido, padre mío.

C. S. LEWIS

* El amor es un fuego que arde constantemente (*Imitación*, Libro 4, cap. 4).

# 18

Desde el College of St Mary Magdalen
14 de julio de 1952

*Gracias, dilectísimo padre*, por los folletos de su congregación y por su carta con fecha del 7 de julio.

Como usted dice, los tiempos en que vivimos son graves: si son «los peores tiempos de todo el resto de la historia» no lo sé. Pero el mal que está más cerca de todos siempre parece ser el más grave: porque así como le sucede a la vista, lo mismo le pasa al corazón, es un asunto de la perspectiva de cada uno. Sin embargo, si es cierto que nuestros tiempos son los peores de todos, si aquel día final está a las

cum Sancto Joanne «Amen; cito venias, domine Iesu». Interim sola securitas est ut Dies nos inveniat laborantes quemque in suo officio et praecipue (dissensionibus relictis) illud supremum mandatum ut invicem diligamus implentes. Oremus semper pro invicem. Vale: et sit tecum et mecum pax illa quam nemo potest auferre.

C. S. LEWIS

# 19

Collegium Stae Mariae Magdalenae
apud Oxonienses
Vig. fest. Trium Regum MCMLIII
5 de enero de 1953

*Dilectissime Pater,*

Grato animo, ut semper, paternas tuas benedictiones accepi. Sit tibi, precor, suavissima gustatio omnium hujus temporis gaudiorum et inter curas et dolores consolatio. Tractatum *Responsabilità* apud *Amicum* (Dec.) invenire nequeo. Latet aliquis error. Orationes tuas peto de opere quod nunc in manibus est dum conor componere libellum de precibus privatis in usum laicorum praesertim eorum qui nuper in fidem Christianam conversi sunt et longo stabilitoque habitu orandi adhuc carent. Laborem aggressus sum quia videbam multos quidem pulcherrimosque libros de hac rescriptos esse in usum religiosorum, paucos tamen qui tirones et adhuc (ut ita dicam) infantes in fide instruunt. Multas difficultates invenio nec certe scio

puertas, qué nos queda sino regocijarnos porque nuestra redención está cerca y decir como san Juan: «Amén; sí, ven, Señor Jesús».

Mientras tanto, la única seguridad que poseemos es que aquel día nos encuentre a cada uno trabajando en su propio oficio y en especial (habiendo renunciado a nuestras divisiones) cumpliendo aquel supremo llamamiento de amarnos los unos a los otros.

Oremos siempre los unos por los otros.

Me despido: y que permanezca en usted y en mí esa paz que nadie nos puede quitar.

C. S. LEWIS

# 19

College of St Mary Magdalen
Oxford
Vigilia del Día de los Reyes Magos, 1953
(5 de enero de 1953)

*Dilectísimo padre:*

Como siempre, me es grato recibir sus bendiciones.

Ruego a Dios que usted pueda gozar del más dulce de todos los gozos de esta vida y reciba consolación de sus cuidados y dolores.

No me es posible encontrar el artículo «Responsibility» en la edición de diciembre de *Amico*. Hay algún error que está escondido.

Le ruego sus oraciones por un proyecto que en estos momentos tengo a mano. Intento escribir un libro acerca de oraciones privadas para los laicos, en especial para aquellos que recientemente se han convertido a la fe cristiana y que hasta el momento aún no poseen el hábito constante de la oración. Decidí abordar este proyecto porque me di cuenta de que indudablemente hay hermosos libros sobre la oración, escritos para lectores religiosos, pero muy pocos para

utrum Dominus velit me hoc opus perficere an non. Ora, mi pater, ne aut nimia audacitate in re mihi non concessâ persistam aut nimia timiditate a labore debito recedam: aeque enim damnati et ille qui Arcam sine mandato tetigit et ille qui manum semel aratro impositam abstrahit.

Et tu et congregatio tua in diurnis orationibus meis. Haec solà, dum in via sumus, conversatio: liceat nobis, precor, olim in Patria facie ad faciem congredi. Vale.

C. S. LEWIS

Adhuc spero tractatum *Responsabilità* accipere.

**20**

e Coll. Stae Mariae Magdalenae
apud Oxonienses
Jan. vii MCMLIII

*Tandem, pater dilectissime*, venit in manus exemplar *Amici* (*Oct.*) quod continet tractatum tuum de clade illa Serica. De illa natione quum ibi per multas annos evangelistae haud infeliciter laboravissent, equidem multa sperabam: nunc omnia retro fluere, ut scribis, manifestum est. Et mihi multa atrocia multi de illa re epistolis renuntiaverunt neque aberat ista miseria a cogitationibus et precibus nostris. Neque tamen sine peccatis nostris evenit: nos enim justitiam illam, curam illam pauperum quas (mendacissime) communistae

principiantes y aquellos que aún son niños en la fe (por decirlo así). Me he encontrado con muchas dificultades y tampoco estoy del todo seguro de si Dios quiere que prosiga con este proyecto.

Ruego sus oraciones por mí, padre mío, para que no persista en algo demasiado presuntuoso o que no me corresponda, ni tampoco que renuncie a ello por ser demasiado tímido: porque están perdidos tanto aquel que toca el arca sin autorización como el que, habiendo puesto su mano en el arado, se da por vencido.

Tanto usted como su congregación son parte de mis oraciones diarias. Esta es la única conversación mientras estamos en el camino: que se nos permita encontrarnos cara a cara en nuestra verdadera patria.

C. S. LEWIS

Aún espero recibir el artículo «Responsibility».


# 20

Desde el College of St Mary Magdalen
Oxford
7 de enero de 1953

Por fin, dilectísimo padre, tengo a mano un ejemplar de *Amico* (octubre) que contiene el artículo que usted escribió sobre aquel desastre en China. Solía tener muchas esperanzas por aquella nación, desde que los misioneros sirvieron allí por muchos años con cierto éxito: pero ahora, mientras usted escribe, ha quedado claro que todo ello se desvanece. Muchos también me han informado, por medio de cartas sobre el tema, de muchas atrocidades, tampoco nos hemos olvidado de esta miseria en nuestros pensamientos y oraciones.

Sin embargo, no sucedió sin la participación de nuestro pecado: porque aquella justicia y aquel cuidado por los pobres que los

praeferunt debueramus jam ante multa saecula rê verâ effecisse. Sed longe hoc aberat: nos occidentales Christum ore praedicavimus, factis Mammoni servitium tulimus. Magis culpabiles nos quam infideles: scientibus enim voluntatem Dei et non facientibus major poena. Nunc unicum refugium in contritione et oratione. Diu erravimus. In legenda Europae historiam, seriem exitiabilem bellorum, avaritiae, fratricidarum Christianorum a Christianis persecutionum, luxuriae, gulae, superbiae, quis discerneret rarissima Sancti Spiritus vestigia? Oremus semper. Vale.

C. S. LEWIS

# 21

Verona
((?) 9 de enero de 1953)

*Siamo in giorni santi*, i piu santi auguri a Lei che (dalla) Div. Prov. (siamo uniti nel) vincolo (di una) completa carità fraterna. (La) ricordo (nelle) mie preghiere e sofferenze, perche il Signore compia anche per la sua alta missione e per i doni che Gesu (Le) ha dato, il bene in quest'ora, per chiamare anime al Vangelo. ll Signore La benedica, Le doni ogni bene anche ai suoi cari. Son certo della carità grande (delle) sue preghiere ne ho grande bisogno per me e per l'Opera dei Poveri Servi, per fare fino in fondo la divina volontà.

comunistas promocionan (muy engañosamente), debimos nosotros haberlo hecho hace muchísimos años. Fue todo lo contrario: nosotros los occidentales predicamos de Cristo con nuestros labios, pero con nuestros actos hemos llevado la esclavitud de Mammón. Somos más culpables que los infieles: porque para los que conocen la voluntad de Dios y no la cumplen, mayor será el castigo.

Ahora, el único recurso se encuentra en el arrepentimiento y la oración. Nuestro error duró muchos años. Al leer la historia de Europa, su secuencia destructiva de guerras, su avaricia, sus persecuciones fratricidas de cristianos llevadas a cabo por cristianos, de la opulencia, la glotonería, la soberbia, ¿quién es capaz de discernir los vestigios más extraños del Espíritu Santo?

Oremos siempre. Me despido,

C. S. LEWIS

# 21

Verona
(¿?) 9 de enero de 1953

Nos encontramos en días festivos. Mis mejores deseos para usted, con quien por la Divina Providencia me encuentro unido por el vínculo de un completo amor fraterno. Me acuerdo de usted en mis oraciones y sufrimientos, para que el Señor cumpla también su bondad en esta hora por medio de su excelsa misión y los dones que Jesús le ha dado, para llamar a las almas al evangelio.

Que el Señor lo bendiga, le dé todo bien también a sus seres queridos. Estoy seguro del gran amor de sus oraciones, necesito de ellas tanto para mí como para la obra de los Siervos Pobres, con el fin de que lleve a cabo plenamente la voluntad divina. La hora se nos va *(ruit hora)*. Que todos nosotros, al final del tiempo, podamos

Ruit hora. Che tutti quanti, terminato il tempo, possiamo trovarci nella (eterna) felicità. Non so se Le hanno mandata questo fascicolo con l'articolo del Rev. Padre Manna che tanto mi sta a cuore.

# 22

E Coll. Stae Mariae Magdalenae
apud Oxonienses
Jan. (Jun.?) xiv LIII

*Pater dilectissime,*

Multo gaudio accepi epistolam tuam die ix Jan. (? Jun.) datam: credo jampridem te meam accepisse quam de tractatu *Responsabilità* scripsi. Et vides me per errorem putavisse te auctorem esse et Sac. P. Mannam esse id quod Galli vocant nomen plumae. At minime refert quum liber *De Imitatione* nos doceat «Attende quid dicatur, non quis dixerit». Multas ex corde gratias refero, quia tanta caritate ob libellum meum propositum meditare et orare voluisti. Sententiam tuam pro signo accipio. Et nunc, carissime, audi de qua difficultate maximo haesito. Duo paradigmata orationis videntur nobis in Novo Testamento exposita esse quae inter se conciliare haud facile est. Alterum est ipsa Domini oratio in horto Gethsemane («si possibile est [...] nihilominus non quod ego volo sed quod tu vis»). Alterum vero apud Marc XI, v. 24 «Quidquid petieritis credentes quod accipietis, habebitis". (Et nota, loco quo versio latina *accipietis* habet et nostra vernacula similiter futurum tempus *shall receive*, graecus textus tempus praeteritum ἐλάβετε, accepistis, id quod difficillimum est). Nunc quaestio: quomodo potest homo uno eodemque momento temporis et credere plenissime se accepturum et voluntati

encontrarnos en la eterna felicidad. No sé si le enviaron esta copia con el artículo del reverendo padre Manna que está tan cerca de mi corazón.

# 22

Desde el College of St Mary Magdalen
Oxford
14 de enero (¿junio?) de 1953

*Padre dilectísimo,*

Con mucha alegría he recibido su carta con fecha del 9 de enero. Confío en que usted ya haya recibido mi carta sobre el folleto *Responsabilità*. Y verá que cometí el error de suponer que usted era el autor y que «Sac. P. Mannam» era lo que los franceses llaman un *nom de plume*, un seudónimo.

Pero no hay consecuencia alguna, ya que *De imitatione* nos enseña que debemos «marcar *lo que se dijo*, no *quién* lo dijo».

Le hago llegar mi más profundo agradecimiento por su amor por estar dispuesto a meditar en mi breve libro y por sus oraciones. Considero que su opinión es una buena señal.

Y ahora, mi queridísimo amigo, preste atención a las dificultades que me causan la mayor duda. Parece que hay dos modelos de oración que el Nuevo Testamento nos ofrece y que no son fáciles de reconciliar entre sí.

Uno de ellos es la oración del Señor en el huerto de Getsemaní («si es posible... sin embargo, no se haga como yo quiero, sino como tú»).

El otro, si bien está en Marcos 11:24, «Por eso os digo que todo cuanto rogáis y pedís, creed que lo estáis recibiendo, y lo tendréis» (y nótese que mientras la versión latina usa *accipietis,* nuestra traducción moderna usa el tiempo *futuro,* «tendréis», y el texto griego

Dei fortasse negantis se submittere? Quomodo potest dicere simul «Credo firmiter te hoc daturum esse» et «si hoc negaveris, fiat voluntas tua». Quomodo potest unus actus mentis et possibilem negationem excludere et tractare? Rem a nullo doctorum tractatam invenio.

Nota bene: nullam difficultatem mihi facit quod Deus interdum non vult facere ea quae fideles petunt. Necesse est quippe ille sapiens et nos stulti sed cur apud Marc. XI 24 pollicetur se omnia (*quidquid*) facere quas plena fide petimus? Ambo loci Dominici, ambo inter credenda. Quid faciam? Vale. Et pro te et pro congregatione tua oro et semper orabo.

C. S. LEWIS

# 23

Magdalen College
Oxford
Mart. xvii MCMLIII

*Dilectissime Pater,*

Gavisus sum, ut semper, de epistola tua. Res mira est et corroboratio fidei duas animas loco, natione, lingua, oboedentia, aetate diversas sic in dulcem familiaritatem adductas esse; adeo ordo

usa el tiempo *pasado* ἐλάβετε = *accepistis,* lo cual nos presenta una gran dificultad).

Esta es la interrogante: ¿Cómo es posible que un hombre, en un momento determinado del tiempo, crea plenamente y al mismo tiempo que *recibirá y* se someterá a la voluntad de Dios, quien quizá le niegue su petición?

¿Cómo será posible decir de manera simultánea: «creo firmemente que tú [Dios] me darás esto» *y* «si me niegas mi petición, que se haga tu voluntad»? ¿Cómo es posible que un solo acto mental excluya al mismo tiempo una posible negación y su cumplimiento? No he podido encontrar esta discusión entre los doctores de la Iglesia.

Nótese bien: a mí no me crea ninguna dificultad que Dios a veces no cumpla las peticiones de los creyentes. Esto es necesario porque Dios es sabio y nosotros somos necios: pero ¿por qué en Marcos 11:24 aparece que Dios nos promete cumplir todo lo que le pidamos con plena fe? Ambas declaraciones son del Señor; se nos pide que creamos en ambas. ¿Qué debo hacer?

Me despido. Ruego a Dios y siempre lo haré por usted y su congregación.

C. S. LEWIS

# 23

Magdalen College
Oxford
17 de marzo de 1953

*Dilectísimo padre,*

Como siempre, su carta me causó alegría.

Es algo maravilloso y que corrobora la fe que dos almas, tan distintas entre sí por su lugar de origen, nacionalidad, idioma,

spirituum ordinem materialem superat. Reddit faciliorem illam necessariam doctrinam, nos arctissime conjungi et cum peccatore Adamo et cum justo Jesu quamquam (secundum carnem, tempus et locum) tam diversi ab ambobus viximus. Haec unitas totius humani generis extat: utinam extaret praestantior illa unio de quo scribis. Nullum diem sine oratione pro illo optato fine praetereo. Quae dicis de praesenti statu hominum vera sunt: immo deterior est quam dicis. Non enim Christi modo legem sed etiam legem Naturae Paganis cognitam negligunt. Nunc enim non erubescunt de adulterio, proditione, perjurio, furto, ceterisque flagitiis quae non dico Christianos doctores, sed ipsi pagani et barbari reprobaverunt. Falluntur qui dicunt «Mundus iterum Paganus fit». Utiam fieret! Re vera in statum multo pejorem cadimus. Homo *post-Christianus* non similis homini *pre-Christiano*. Tantum distant ut vidua a virgine: nihil commune est nisi absentia sponsi: sed magna differentia intra absentiam sponsi venturi et sponsi amissi! Adhuc laboro in libro de oratione. De hac quaestione quam tibi subjeci, omnes theologos interrogo: adhuc frustra.

Oremus semper pro invicem, mi pater. Vale,

C. S. LEWIS

obediencia y edad, hayan podido entablar una dulce amistad; tanto así que el orden de los espíritus supera al orden material.

Hace posible esta necesaria doctrina, la que afirma que tenemos un estrecho vínculo con el pecador Adán y el justo Jesús (según la carne, el tiempo y el lugar) vivimos tan separados. Esta es la unidad de toda la raza humana: no dejo que ni un día pase sin que eleve oraciones por aquella anhelada consumación.

Es verdad lo que usted dice acerca del estado actual de la humanidad: ciertamente, es aún peor de lo que usted dice.

Porque no solo rechaza la ley de Cristo, incluso la ley natural tal como la conocían los paganos. Porque ni siquiera se sonrojan del adulterio, la traición, la mentira, el robo y otros crímenes de los que me es imposible decir que fueron los doctores cristianos los que los denunciaron, sino más bien los propios paganos y bárbaros.

Aquellos que dicen que «el mundo se está volviendo pagano otra vez» están equivocados. ¡Si tan solo fuese eso! Lo cierto es que descendemos a un estado mucho peor.

«El hombre post-cristiano no el mismo que el pre-cristiano». Está tan distante como una viuda de una virgen: no tienen nada en común excepto la falta de esposo: pero hay una gran diferencia entre el esposo que vendrá y el esposo perdido.

Sigo trabajando en mi libro sobre la oración.

Respecto a la pregunta que le envié, incluyo a todos los teólogos: hasta el momento ha sido en vano.

Oremos el uno por el otro, padre mío.

Me despido,

C. S. LEWIS

# 24

Collegium Stae Mariae
Magdalenae apud Oxonienses
Aug. x. MCMLIII

*Dilectissime Pater*, Accepi litteras tuas V$^{to}$ Augusti datas. Expecto cum gratiarum actione opuscula, specimen artis vestrae typographicae: quae tamen non videbo nisi post V hebdomadas quia pertransibo eras (si Deo placuerit) in Hiberniam; incunabula mea et dulcissimum refugium, quoad amoenitatem locorum et caeli temperiem quamquam rixis et odiis et saepe civilibus armis dissentientium religionum atrocissimam. Ibi sane et vestri et nostri «ignorant quo spiritu ducantur»: carentiam caritatis pro zelo accipiunt et reciprocam ignorantiam pro orthodoxia. Puto fere omnia facinora quae invicem perpetraverunt Christiani ex illo evenerunt quod religio miscetur cum re politica. Diabolus enim supra omnes ceteras humanas vitae partes rem politicam sibi quasi propriam —quasi arcem suae potestatis— vindicat. Nos tamen pro viribus (sc. quisque) suis mutuis orationibus incessanter laboremus pro caritate quae «multitudinem peccatorum tegit». Vale, sodes et pater.

C. S. LEWIS

# 24

College of St Mary Magdalen
Oxford
10 de agosto de 1953

*Dilectísimo padre:*

He recibido su carta con fecha del 5 de agosto. Aguardo con gratitud los folletos, que son muestras de las habilidades de impresión de su gente, pero que no podré ver hasta dentro de 5 semanas porque mañana me dirigiré (si Dios lo permite) a Irlanda, mi lugar de nacimiento y mi dulcísimo refugio en lo que respecta a la bondad del lugar y la temperatura del clima, a pesar de las más atroces luchas, odio y a menudo guerra civil entre religiones contrarias.

Ciertamente, en aquel lugar tanto los suyos como los nuestros «ignoran cuál Espíritu los guía». Creen que su falta de amor equivale a fervor religioso y su mutua ignorancia a ortodoxia.

Estoy convencido de que casi todos los crímenes que los cristianos han cometido unos con otros se deben a esto, a confundir la religión con la política. Porque, por sobre todas las esferas de la vida humana, el diablo ha hecho suya la política, la ha convertido casi en la ciudadela de su poder. Sin embargo, laboremos incesantemente para fortalecernos unos a otros en pro de la caridad, que «cubre una multitud de pecados». Me despido, compañero y padre.

C. S. LEWIS

## 25

Verona
3 settembre 1953

*Dilectissime in Christo,*

Gratia et pax multiplicentur tibi tuisque.

His diebus ego, una cum multis fratribus huius Congregationis Pauperum Servorum div. Providentiae, exercitiis spiritualibus vaco; sunt enim Exercitia ad reformandos mores, ad perfectionem adipiscendam, ad vitam religiosam renovandam. In silentio et in meditatione aeternarum veritatum, audio vocem Dei, quae ad majorem caritatem cor nostrum excitat. Ora, frater dilectissime, ut non in vacuum gratiam Dei recipiam; sed in timore et gaudio gratiam Dei recipiam et superlucrari valeam.

Dum autem Deo attendo et animae meae, te recogito peculiarissimo modo his diebus gratiae et veritatis; tua verba praesertim —quae mihi scripsisti— meditor in corde meo; ignorant quo spiritu ducantur... carentiam caritatis pro zelo accipiunt... Verba haec tibi Spiritus dictavit; altam consonantiam inducunt in aure et corde meo. Vere Dominus speciali praedilectione te afficit; vere Dominus habet aliquid quod tibi committat pro gravitate horae nostrae, ut adlaboraveris pro bono fratrum, pro gloria Dei et Christi, pro renovatione animarum in caritate. Te beatum dico et dicam! quod Deus te uti vult ad Sua opera explenda.

Nunc, a te quoddam donum exopto, semper relatum ad horam actualem, quae ruit, et urget: velim ut tu, pro tua in me dilectione, scribere digneris quod cogitas de statu morali nostri temporis, quid

# 25

Verona
3 de septiembre de 1953

*Dilectísimo en Cristo:*

Que la gracia y la paz se multipliquen para usted y los suyos.

En estos días, junto a muchos hermanos de esta congregación de los Siervos Pobres de la Divina Providencia, he tenido tiempo para realizar ejercicios espirituales; son ejercicios para reformas morales con el fin de lograr la perfección en la renovación de la vida religiosa. En silencio y por medio de la meditación de las verdades eternas, he escuchado la voz de Dios, la cual motiva nuestros corazones para que amemos más. Ore por mí, dilectísimo hermano, para que no reciba la gracia de Dios en vano; sino que con temor y gozo reciba la gracia de Dios y logre recibir más gracia aún.

Porque mientras dirijo mis pensamientos a Dios y a mi alma, pienso en usted de una manera especial durante estos días de gracia y verdad; sus palabras, especialmente las que me ha escrito, las medito en mi corazón: «ignoran cuál Espíritu los guía. Creen que su falta de amor equivale a fervor religioso».

El Espíritu le ha inspirado con estas palabras; causan una gran consonancia a mis oídos y corazón. Verdaderamente el Señor le ha otorgado un favor especial; verdaderamente el Señor le ha encargado algo debido a la gravedad de nuestros tiempos, para que usted pueda trabajar por el bien de los hermanos, para la gloria de Dios y Cristo, y para la renovación de las almas por medio del amor. ¡Lo bendigo y siempre lo bendeciré! porque Dios ha dispuesto usarlo para llevar a cabo su obra.

Ahora, deseo de parte suya cierto regalo, que siempre se relaciona con el momento actual, que se avecina y nos apremia: deseo, debido al amor que me tiene, que se digne en escribir lo que piensa

tibi videtur de causa et origine difficultatum, de divisione hominum inter se, anxietatibus pro mundi salute... etc. quae tibi Dominus inspiraverit. Velim ut remedia salutaria indices, prout tibi opportuna videntur ad mala reparanda et tollenda, ad animos renovandos, ad unitatem cordium in caritate provehendam... Ut uno verbo dicam: quid de re quae ad Religionem spectat tibi videtur, et quid cogitas faciendum: hoc desidero.

Nimium peto? veniam mihi praebe; est magnae dilectionis ad invicem, est bonitatis tuae erga me, si tantum peto. Ut ex nunc tibi gratias ago.

Providentia divina nos adstringit suavibus vinculis caritatis, etsi de praesentia nunquam nos cognovimus. Sed in caritate, in oratione pro invicem nos cognoscimus bene, optime. In coelo apud Deum nos videbimus, de miseratione Domini, qui redemit nos.

Vale, et etiam pro me ora Deum ut in curriculo vitae gratiam Dei lucri faciam. Ego semper pro te oro ut omne desiderium tuum adimpleatur in pace et prosperitate quae esta Domino.

IN C. J. SAC. J. CALABRIA

## 26

Magdalen College
Oxford
XV Sept. MCMLIII

*Pater dilectissime,*
Gratias ago pro epistola tua, data iii Sept., necnon pro exemplari libri cui nomen *Instaurare Omnia in Christo.*

acerca del estado moral de nuestros tiempos, su perspectiva acerca de la causa y el origen de nuestros retos, acerca de la división entre los hombres, las ansiedades respecto a la salvación del mundo, y demás asuntos que el Señor le lleve a pensar. Me gustaría que usted nos indique remedios saludables, según los crea oportunos, para enmendar y quitar los males, para renovar los ánimos y para promover la unidad de los corazones en el vínculo del amor... es decir, en resumen, ¿qué piensa usted del asunto de la religión y qué cree que se debe hacer? Esto es lo que deseo.

¿Le he pedido demasiado? Perdóneme si es así. Es por nuestro gran afecto mutuo, de su bondad para conmigo, por lo que le he pedido tanto. Le agradezco de antemano.

La Divina Providencia nos ha unido con los dulces vínculos de la caridad, a pesar de que no nos conocemos personalmente. Pero por el amor y las oraciones mutuas nos conocemos muy bien.

Me despido, y le ruego que le pida a Dios por mí para que durante el transcurso de mi vida logre obtener la gracia de Dios. Siempre ruego a Dios por usted para que sus anhelos se cumplan en paz y prosperidad que provienen del Señor.

En Cristo Jesús,

RVDO. GIOVANNI CALABRIA

# 26

Magdalen College
Oxford
15 de septiembre de 1953

*Padre dilectísimo:*

Gracias por su carta con fecha del 3 de septiembre y también le agradezco el ejemplar de su libro *Instaurare Omnia in Christo*.

De statu morali nostri temporis (cum me jusseris garrire) haec sentio. Seniores, ut nos ambo sumus, semper sunt *laudatores temporis acti*, semper cogitant mundum pejorem esse quam fuerit in suis juvenilibus annis. Ergo cavendum est ne faliamur. Hoc tamen proposito, certe sentio gravissima pericula nobis incumbere. Haec eveniunt quia maxima pars Europae apostasiam fecit de fide Christiana. Hinc status pejor quam illum statum quem habuimus ante fidem receptam. Nemo enim ex Christianismo redit in statum quem habuit ante Christianismum, sed in pejorem: tantum distat inter paganum et apostatam quantum innuptam et adulteram. Nam fides perficit naturam sed fides amissa corrumpit naturam. Ergo plerique homines nostri temporis amiserunt non modo lumen supernaturale sed etiam lumen illud naturale quod pagani habuerunt. Sed Deus qui Deus misericordiarum est etiam nunc non omnino demisit genus humanum. In junioribus licet videamus multam crudelitatem et libidinem, nonne simul videmus plurimas virtutum scintillas quibus fortasse nostra generatio caruit. Quantam fortitudinem, quantam curam de pauperibus aspicimus! Non desperandum. Et haud spernendus numerus (apud nos) iam redeunt in fidem.

Haec de statu praesenti: de remediis difficilior quaestio. Equidem credo laborandum esse non modo in evangelizando (hoc certe) sed etiam in quâdam praeparatione evangelica. Necesse est multas ad legem naturalem revocare antequam de Deo loquamur. Christus enim promittit remissionem peccatorum: sed quid hoc ad eos qui, quum legem naturalem ignorent, nesciunt se peccavisse. Quis medicamentum accipiet nisi se morbo teneri sciat? Relativismus moralis hostis est quem debemus vincere antequam Atheismum aggrediamur. Fere

Respecto a la condición moral de nuestros tiempos (dado que usted me invitó a conversar del tema), mis opiniones son la siguientes: dado que ambos somos mayores, andamos siempre «elogiando los tiempos pasados». Las personas mayores siempre piensan que el mundo está en peor estado que cuando eran jóvenes. Por lo tanto, debemos ser cautos no vaya a ser que cometamos un error. Sin embargo, teniendo esta condición en mente, es cierto que siento que un grave peligro se cierne sobre nosotros. Ello se debe a que gran parte de Europa ha apostatado de la fe cristiana. Así que podemos observar que estamos en un peor estado que cuando recibimos la fe. Porque nadie retorna del cristianismo hacia el estado en que se encontraba antes del cristianismo, sino que lo hace a un peor estado: la diferencia entre un pagano y un apóstata es la que hay entre una mujer casada y una adúltera. Porque la fe perfecciona la naturaleza humana, pero la fe perdida la corrompe. Por tanto, muchos hombres de nuestros tiempos han perdido no solo la luz sobrenatural, también han perdido la luz natural, aquella que los paganos poseían.

Sin embargo, Dios, que es misericordioso a lo sumo, aún no ha desechado a la raza humana. Entre los jóvenes, pese a que vemos bastante crueldad y lujuria, ¿acaso al mismo tiempo observamos muchos destellos de virtudes que quizá no tuvo nuestra propia generación? ¡Cuánta fortitud, cuánta preocupación por los pobres podemos ver! No debemos perder la esperanza. Y (entre nosotros) no es poco el número de los que retornan a la fe.

Esta es, pues, nuestra situación actual. Respecto al remedio, el asunto es más difícil. De hecho, creo que debemos laborar no solo en la evangelización (es cierto) pero también en alguna formación evangélica. Es necesario recordarles a muchos la ley natural *antes de* hablarles de Dios. Porque Cristo promete el perdón de pecados: ¿pero de qué vale todo ello si no conocen la ley natural y no saben que son pecadores? ¿Quién aceptaría tomar medicamentos excepto aquel que sabe que está enfermo? Antes de atacar al ateísmo debemos enfrentarnos primero contra el relativismo moral. Casi me

auserim dicere «Primo faciamus juniores bonos Paganos et postea faciamus Christianos». Deliramenta haec? Sed habes quod petisti. Semper et tu et congregatio tua in orationibus meis. Vale,

C. S. LEWIS

[Don Giovanni Calabria falleció
el 4 de diciembre de 1954]

## 27

Magdalen College
Oxford
Dec. 5° 1954

*Heus, pater dilectissime*, quantum inter nos silentium! Magnopere mihi cordi erit si iterum de te et rebus tuis rescripseris. Mihi quidem mox migrandum est ex Oxonia in Cantabrigiam in qua universitate electus sum Professor Anglarum Literarum Medii Aevi et Renascentiae. Coelestem patronam tamen non mutabo, nam apud Cantabrigienses adscribor Collegio Stae. M. Magdalenae. Orthographia vero discrepant (Oxonienses Magdalen, Cantabrigienses vero Magdalene scribunt) sed idem sonant, i.e. *Modlin*. Fides Christiana, ut puto, magis valet apud Canta-]brigienses quam apud nostros; communistae rariores sunt et pestiferi philosophi quos logicales positivistos vocamus haud aeque pollent.

atrevería a decir «Primero hagamos que los jóvenes sean buenos paganos y luego hagámoslos cristianos».

¿Será que deliro? Pero ya tiene usted lo que me pidió.

Usted y su congregación están siempre en mis oraciones.

Me despido,

C. S. LEWIS

[Don Giovanni Calabria falleció
el 4 de diciembre de 1954]

## 27

Magdalen College
Oxford
5 de diciembre de 1954

Padre dilectísimo, ¡vaya, cuánto silencio ha habido entre los dos!

Me causará una gran alegría si usted me vuelve a escribir respecto a su vida y sus ocupaciones.

Respecto a mí, pronto estaré trasladándome de Oxford a la Universidad de Cambridge, donde he sido nombrado profesor de Literatura Inglesa Medieval y Renacentista.

Sin embargo, no cambiaré mi santa patrona porque en Cambridge seguiré siendo miembro del College de St Mary Magdalene. Por cierto, la ortografía cambia (Oxford escribe Magdalen, Cambridge lo hace como Magdalene) pero se pronuncian igual, esto es, *Modlin*.

Pienso que la fe cristiana tiene mayor validez entre los hombres de Cambridge que entre nosotros; los comunistas son muy pocos y

Sed tu quid agis? Valesne adhuc? Scito saltem me semper pro te orare, et nunc praesertim dum nos paramus ad suavissimum festum Sanctae Nativitatis. Congaudeamus, mi pater, quamvis loco divisi, spiritu tamen et caritate uniti, et ora semper pro

C. S. LEWIS

aquellos latosos filósofos que denominamos positivistas lógicos no ejercen tanta influencia.

Pero ¿cómo le ha ido? ¿Sigue usted con buena salud?

Por lo menos, sepa que siempre oro por usted. En especial, durante estos tiempos que nos preparamos para la más preciada de todas las festividades, la santa Navidad.

Alegrémonos juntos, padre mío, aunque separados por la distancia, unidos en espíritu y caridad, y le ruego que siempre ore.

C. S. LEWIS

# CARTAS EN LATÍN
# ENTRE
# C. S. LEWIS
# Y
# DON LUIGI PEDROLLO
# (1954–61)

*Tras la muerte de Don Giovanni Calabria, C. S. Lewis continuó
la correspondencia con Don Luigi Pedrollo, un distinguido miembro
de la congregación de Verona.*

# 28

Magdalen College
Oxford
Dec. xvi MCMLIV

*Reverende Pater,*

Doleo et vobis condoleo de obitu dilectissimi amici. Ille quidem
ex aerumnis hujus saeculi, quas gravissime sentire solebat in patriam
feliciter migravit; vobis procul dubio acerbus luctus. Gratias ago
pro photographia quam mittendo bene fecisti. Aspectus viri talis
est qualem auguratus sum; senilis gravitas bene mixta et composita
cum quadum juvenili alacritate. Semper et ipsius et congregationis
vestrae memoriam in orationes habebo; et vos idem pro me facturos
spero.

Vale,

C. S. LEWIS

# 28

Magdalen College
Oxford
16 de diciembre de 1954

*Reverendo padre:*

Lo siento y les ofrezco mis condolencias por la muerte de un querido amigo. Ciertamente, ha logrado superar las aflicciones de este mundo, que solía llevar como una carga, y ha ingresado a su patria; sin duda que las penas son también amargas para vosotros.

Le agradezco por la fotografía, ha hecho bien en enviármela. Su aspecto es tal como me lo imaginé: la solemnidad de su avanzada edad en armonía con cierta viveza juvenil. Siempre me acordaré de él en mis oraciones y también de su congregación; y espero que usted haga lo mismo por mí.

Me despido,

C. S. LEWIS

## 29

Magdalene College
Cambridge
19 de enero de 1959

*Bene fecisti; reverende pater*, mittendo mihi pulcherrimum librum de carissimi Patris Joanni vita. Gratias ago. Spero me ex lectione hujus libri certiorem fieri de multis quae adhuc latebant; saepe enim vir me sanctus in suis epistolis insinuabat se nescioquo secreto dolore laborare, occultis Dei consiliis qui flagellat omnem filium quem accipit.

Feliciter evenit ad te ut scribam hac hebdomade qua omnes qui profitentur fidem Christi tenentur orationes facere pro redintegratione Ecclesiae nunc, eheu, laceratae et divisae.

Vale,

C. S. LEWIS

## 30

Collegium Stae Mariae
Magdalenae apud
Cantabrigienses
xxviii Mart. 1959

*Reverendissime Pater,*

Grato animo te tuosque hoc die solemni et severo quo Dominus noster animabus incarceratis praedicavit salutem. Ego meique valemus. Nunc scribo libellum *De IV Amoribus* i.e. Graece *Storgé,*

**29**

Magdalene College
Cambridge
19 de enero de 1959

*Usted ha hecho bien, reverendo padre*, al enviarme este bellísimo libro acerca de la vida del querido padre Giovanni. Le agradezco por ello. Espero que con la lectura de este libro llegue a informarme más acerca de tantos asuntos que hasta ahora desconocía; porque el santo varón en sus cartas daba a entender que sufría de una dolencia secreta que yo no conocía, conforme al consejo no revelado del Dios que disciplina a todo aquel que recibe como hijo.

Afortunadamente, le escribo en esta semana donde todos los que profesan ser cristianos tienen el compromiso de ofrecer oraciones por la reunificación de la Iglesia, que desgraciadamente está desgarrada y dividida. Me despido.

C. S. LEWIS

**30**

College of St Mary Magdalene
Cambridge
**Domingo de Resurrección**
28 de marzo de 1959

*Reverendísimo padre:*

Con corazón agradecido, le hago llegar mis saludos a usted y a los suyos en este solemne y severo día en que nuestro Señor predicó a los espíritus encarcelados. Los míos y yo nos encontramos bien.

*Philia, Eros, Agapé* – quibus vocabulis utor quia Latina nomina desunt. Ora pro me Ut Deus mihi concedat aut salutaria aut saltem haud nocitura dicere. Nam «periculosae plenum opus aleae» ut Flaccus scripsit. Casa vestra semper in orationibus meis. Valete in Salvatore nostro.

C. S. LEWIS

# 31

E Collegio Stae Mariae Magdalenae
apud Cantabrigienses
xv Dec. mcmlix

*Reverende Pater,*

Gratias cordialiter ago pro benevolis tuis litteris. Scito domum vestram quotidie in orationibus meis nominari. Et tu orationibus pro nobis insta. Nunc enim, post biennium remissionis redit uxoris meae letalis morbus. Placeat Domino, ut quodcunque de corpore voluerit, integri maneant animi amborum; ut fides intacta nos corroboret, contritio emolliat, pax laetificet. Et hoc usque ad nunc fit; neque faciliter crederes quante gaudia inter medias aerumnas nonnumquam sentiamus. Quid mirum? Nonne consolationem lugentibus pollicitus est? Vale.

C. S. LEWIS

Actualmente, me encuentro escribiendo un breve libro sobre *Los cuatro amores*, que en griego son *storgé, philia, eros* y *agapé* (uso estos términos porque no existen equivalentes en latín).

Le ruego que ore por mí para que Dios me permita decir cosas útiles para la salvación o que por lo menos no sean nocivas. Porque esta labor está «plagada de peligros», tal como escribió Flaccus.

Su casa siempre estará en mis oraciones.

Me despido en el nombre de nuestro Salvador,

C. S. LEWIS

# 31

The College of St Mary Magdalene
Cambridge
15 de diciembre de 1959

*Reverendo padre:*

Le hago llegar mis cordiales agradecimientos por su amable carta.

Tenga por cierto que su casa está presente en mis oraciones diarias. Por el momento, luego de dos años en estado de remisión, la enfermedad mortal de mi esposa ha retornado. Ruego que le plazca al Señor, cualquiera que sea su voluntad para el cuerpo, que tanto mi alma como la de mi esposa permanezcan íntegras; que nuestra fe no se vea afectada y nos fortalezca, que la contrición nos ablande y la paz nos dé gozo.

Y eso es lo que hasta este momento nos ha sucedido; no se le haría fácil creer cuántas alegrías hemos sentido a pesar de nuestros sufrimientos. ¿De qué me asombro? ¿Acaso Él no ha prometido consolar a los que lloran?

Me despido,

C. S. LEWIS

## 32

quasi e Collegio Stae Mariae
Magdalenae apud Cantabrigienses
Pascha 1960

*Reverende Pater,*

Gratias ago pro benevolis litteris vestris. Gaudeo me locum adhuc tenere in memoria vestra; et vos et vestri quotidie in orationibus
estis. Equidem hoc tempore in magnâ aerumnâ sum. Nihilominus
sursum corda: Christus enim resurrexit. Vale.

C. S. LEWIS

## 33

Collegium Stae Mariae Magdalenensis
apud Cantabrigienses
Anglia
iii Jan. MCMLXI

*Gratias tibi ago, mi pater*, pro amicabili epistola et te tuosque in his
beatissimis festis saluto.

Vellem me posse ad te mittere exemplaria epistolarum quas scripsit Ven. Pater D. Ioannes Calabria. Sed neque ipsas epistolas neque
exemplaria habeo. Moris est mei omnes epistolas post biduum ignibus
dare. Non, mi crede, quia millo pretio Illas aestimo; immo quia res
saepe sacro dignas silentio posteris legendas relinquere nolo. Nunc

# 32

Desde el College of St Mary Magdalene
Cambridge
Pascua de 1960
16 de abril de 1960

*Reverendo padre:*

Le agradezco por su amable carta. Me alegro de que usted aún se acuerde de mí; usted y los suyos están presentes en mis oraciones diarias.

Respecto a mí, estoy pasando por una pena muy grande.

Pero, pese a ello, levantemos nuestros corazones, porque Cristo ha resucitado. Me despido.

C. S. LEWIS

# 33

The College of St Mary Magdalene
Cambridge
Inglaterra
3 de enero de 1961

*Le agradezco, padre mío*, por su cordial carta y le hago llegar mis saludos a usted y los suyos en esta muy bendecida festividad.

Me habría gustado enviarle copias de las cartas que el venerable padre Don Giovanni Calabria me escribió. Pero no tengo las cartas ni las copias. Tengo por costumbre quemar todas las cartas luego de dos días de leídas. Lo hago no porque las considere sin valor alguno,

enim curiosi scrutatores omnia nostra effodiunt et veneno publicitatis (ut rem barbaram verbo barbara nominem) aspergunt. Quod fieri minime vellem de Patris Joannis epistolas. Admirabilis ille vir aliis mitissimus idemque sibi severissimus vel saevissimus, humilitate et quadam sancta imprudentiâ multa scripsit quae tacenda puto. Hanc meam apologiam velim curialibus verbis Patri Mondrone patefacias.

Multo gaudemus de recenti colloquio inter Sanctum Patrem et nostrum Archiepiscopum. Dominus corroboret bonum omen.

Uxor mea mense Jul. mortem obiit. Pro illa et me orationes reduplica. Tu et domus tua semper in meis sunt. Vale.

C. S. LEWIS

34

Collegium Stae Mariae Magdalenae
apud Cantabrigienses
viii Apr. MCMLXI salv. nostrae

*Dilecte Pater,*

Grato animo accepi litteras vestras. Dies festos, eheu, equidem in lectulo degi, febre laborans; nunc admodum sanatus, Deo gratias, salutationes vestras reddo et vota pro vobis et domo vestra facio.

sino porque no quiero ceder asuntos que a menudo son dignos del sagrado silencio y que terminen siendo leídas por la posteridad.

Porque hoy en día aquellos que se dedican a investigar las cosas, escarban todas nuestras vivencias y las mancillan con el veneno de la «publicidad» (y, como es un asunto de bárbaros, le estoy dando un nombre de bárbaros).

Esto habría sido lo último que hubiera querido que sucediera con las cartas del padre Giovanni.

Ese admirable hombre, que fue tan bondadoso con los demás y tan severo, por no decir cruel, consigo mismo, debido a su humildad y su santa imprudencia escribió muchas cosas que creo que deberían guardarse en silencio. Le agradecería que comunique amablemente mi explicación al padre Mondrone.

Nos regocijamos por la reciente reunión entre el santo padre y nuestro arzobispo. El señor confirmará este buen augurio.

Mi esposa falleció en el mes de julio. Le ruego que redoble sus oraciones por ella y por mí. Usted y su casa estarán eternamente presentes en la mía.

Me despido,

C. S. LEWIS

## 34

College of St Mary Magdalene
Cambridge
8 de abril del año de nuestra salvación 1961

*Padre dilecto:*

Me es grato haber recibido su carta. Por mi parte, los días festivos los he pasado afiebrado en cama; pero ahora ya estoy sano, gracias

Scio vos preces effundere et pro desideratissima uxore mea et pro me qui jam orbatus et quasi dimidiatus solus hanc vallem lacrimarum peragro. Valete,

C. S. LEWIS

a Dios. Le correspondo sus saludos y ofrezco plegarias por usted y su casa.

Sé que elevará oraciones por mi amada esposa y por mí —que he perdido a un ser muy amado como si me hubiesen partido en dos— y por esta vida, este valle de lágrimas en el que prosigo solo.

Me despido,

C. S. LEWIS

# NOTAS SOBRE LAS CARTAS

## 1ª CARTA (01/09/47)

Con esta carta se da inicio al intercambio de correspondencia, la primera de parte de Don Giovanni Calabria a C. S. Lewis. Don Calabria determinó que parte de su misión fuese el intercambio de correspondencia con miembros de otras iglesias. El relato de ello lo da Clara Sarroco, en un artículo muy revelador, publicado en *The Bulletin of the C. S. Lewis Society*, en Nueva York, en febrero de 1987. Entre los destinatarios de Don Calabria estaban el arzobispo de Canterbury (en 1949) y representantes de las comuniones ortodoxa y luterana, en particular el pastor Suni Wiman de Suecia. Las cartas de Don Giovanni a Lewis que aún existen (esto es, copias de las cartas que se guardaron en Verona) son de carácter general, pero se amplían en algo gracias a ciertas referencias personales. Una de las cartas existe solamente en borrador, escrita en italiano; y quizá Don Giovanni haya tenido que recurrir a la ayuda de expertos para traducir al latín las porciones más generales, porciones que quizá usó para más de un destinatario. En las copias mecanografiadas el latín tiene errores ortográficos y no es muy preciso. La propia correspondencia prosigue en intervalos de varios meses y de hecho se prolonga. Pero por momentos hay respuesta casi inmediata una vez recibida la carta. Por ejemplo, luego de haber escrito una carta a Lewis el 1 de septiembre de 1947, a la que Lewis responde el 6 de septiembre de 1947, es evidente que Don Calabria volvió a escribir el 15 de septiembre, pero esa carta ha desaparecido.

*Una de las casas:* Don Giovanni logró adquirir una abadía del siglo diez, que originalmente fue benedictina, y que ahora se llama La Casa di Maguzzano, cerca del lago Garda (Sarrocco, *loc. sit.*).

*Un octavario:* cada cierto tiempo, Don Calabria menciona el octavario de enero, el cual apreciaba mucho.

*La Lettere di Berlicche:* es el título en italiano de *Cartas del diablo a su sobrino,* publicado por Arnaldo Mondadori. Fue el padre Genovesi O. P. quien dio a conocer la obra a Don Calabria.

## 2ª CARTA (06/09/47)
Esta es la primera carta de C. S. Lewis a Don Giovanni Calabria, cuyo énfasis en las oraciones —«que son eficaces»— determinará la pauta para el resto de la correspondencia.

## 3ª CARTA (20/09/47)
*los peligros [...] comunes:* en una carta fechada el 8 de mayo de 1939 (*Letters of C. S. Lewis,* editado por W. H. Lewis, Bles 1966) Lewis le manifestó a Dom Bede Griffiths algo muy parecido a esta carta. «Una cristiandad unida debería ser la respuesta al nuevo paganismo. Pero confieso que no me es posible ver cómo podemos reconciliar a las iglesias frente a su deseo de convertir personas de una iglesia a otra. Me inclino a pensar que la tarea inmediata consiste en una intensa cooperación que se base en lo que incluso ahora nos es común, obviamente combinada con el reconocimiento de nuestras diferencias. Una unidad producto de la experiencia en torno a ciertos asuntos quizá logre demostrar un preludio a la unidad confesional de todos los asuntos. No hay nada que demuestre mayor apoyo a las atribuciones del papa que ver públicamente a un papa comportarse como la cabeza del cristianismo».

## 4ª CARTA (03/10/47)
*con el sudor de tu rostro:* Génesis 3:19.

## 5º CARTA (25/11/47)

*hacer milagros en ciertos lugares.* Ver Marcos 6:5.

*tota opera [...] perlegi:* «He leído recientemente todos los escritos de ambos». Se trata de un ejemplo del gran esmero y amplio conocimiento típico de Lewis y, vale la pena decirlo, su imparcialidad. Sin duda, leyó todas estas obras en preparación de su volumen para *The Oxford History of English Literature* (OHEL). Más adelante, ver nota sobre la 7ª carta.

*recurro a mis propias palabras:* La Vulgata dice: *si quis voluerit voluntatem ejus facere, cognoscet de doctrina* (Jn 7:17), «El que quiera hacer la voluntad de Dios, conocerá si la doctrina...».

*Francia:* la caída del gobierno francés en agosto precipitó una crisis que aún seguía sin resolver.

## 6ª CARTA (13/01/48 o 13/06/48)

*«Sine vicissitudinis umbra»* (sin la vicisitud del cambio) es sin duda una referencia a Santiago 1:17.

Ni períodos de sombra; *nec vicissitudinis obumbratio* (Vulgata).

*el doctor Lodetti de Verona:* la carta no aclara de quién se trata.

Verona ha fechado esta carta en «Jun» (junio) no en «Jan» (enero). A primera vista, el manuscrito parece indicar «Jan». Podría ser un error, pero he decidido dejar la carta con fecha de enero, a la espera de más pruebas, ya que las referencias al octavario por la unidad y a otros contactos en Verona (el doctor Lodetti) parecen encajar en el contexto. Ver también la fecha del 14/01/53.

## 7ª CARTA (27/03/48)

*hora novissima:* cita del poema de Bernardo de Morlaix (c. 1130).

La traducción que Lewis hace de Dunbar (1460-1522) refleja el 5º Canto de Catulo, «unius aestimenus assis»; ver Libro I, cap. I, «The Close of the Middle Ages in Scotland», en el volumen que Lewis escribió en *The Oxford History of English Literature* (OHEL), ed. F. P. Wilson y Bonamy Dobrée, en particular el volumen titulado

*English Literature in the Sixteenth Century excluding Drama*. Con ello se dio por concluida la serie de conferencias conocidas como *The Clark Lectures at Trinity College*, Cambridge, en 1944, publicadas en 1945 por OUP. El par de estrofas (ver p. 97) dice así:

> *Man pleis thy Makar and be mirry;*
> *And sett nocht by this warld a chirry.*
>
> (Hombre, complace a tu Creador y vive contento;
> porque nada vale en este mundo cruento)

*sursum corda:* frase que proviene de la liturgia: «levantemos nuestros corazones». Inmediatamente después aparece una cita de la *Eneida* (I.203) donde Eneas anima a sus compañeros con la idea de que las penurias que han sufrido algún día las recordarán y se alegrarán por ello. Así que Lewis insinúa que las tribulaciones de esta vida serán causa de gozo en la vida venidera.

## 8ª CARTA (10/08/48)

*todo lo soporta, todo lo cree: fert omnia, credit omnia:* 1 Corintios 13:7; Vulgata: *omnia suffert, omnia credit.*

*ninguna tentación:* 1 Corintios 10:13: *Tentatio vos non apprehendat nisi humana* (Vulgata).

*hasta derramar sangre,* etc. *Nondum enim usque ad sanguinem restitistis* (Heb 12:4).

Mateo 7:15: *in vestimentis ovium.*

Santiago 1:3: *scientes quod probatio fidei vestrae patientiam operatur.*

## 9ª CARTA (14/01/49)

*tiendas de Cedar:* Salmo 120:5 (Vulgata 119:5). «Mi anciana madre» es la mujer que Lewis cuidó hasta la muerte de ella en 1951. La cuidó como si fuera su madre, cuando su hijo, Paddy Moore, uno de los mejores amigos de Lewis, cayó muerto en Francia (1918) durante la Primera Guerra Mundial.

## 10ª CARTA (17/04/49)

*dictavi:* he redactado o dictado: quizá Don Calabria a veces recurría a dictar sus cartas y luego añadía a mano algunos párrafos al dorso de la página mecanografiada.

## 11ª CARTA (10/09/49)

*accidia* (griego: *akedía*) pereza; falto de motivación, indiferencia o letargo producto del dolor o el agotamiento; es uno de los siete pecados capitales.

*su poeta:* Dante, *Inferno* 3, 18.

*rumores de guerras:* Marcos 13:7: *Cum audieritis autem bella, et opiniones bellorum, ne timueritis* (Vulgata).

*vester:* suyo en sentido plural, es decir, servidor de usted y de su casa.

## 12ª CARTA (18/09/49)

*glorifiquen al Padre:* Mateo 5:16: *ut videant opera vestra bona, et glorificent Patrem vestrum, qui in caelis est.*

*nuestra suficiencia proviene de Dios:* 2 Corintios 3:5.

*todo lo podemos:* Filipenses 4:13: *Omnia possum in eo qui me confortat.*

## 13ª CARTA (19/11/49)

*libro sibilino:* es decir, un libro enigmático y que no se entiende.

1. Mateo 18:3: *nisi conversi fueritis, et efficiamini sicut parvuli, non intrabitis in regnum caelorum.*

*que he recibido hoy* (19/11/49): hay una partida en los archivos de Verona que han registrado una carta enviada a Lewis el 12/11/49: «Lettera di Don Paolo Arnaboldi inviata al Prof. Lewis su consiglio di Don Giovanni Calabria, 12.11.49».

## 14ª CARTA (17/12/49)

*habiten en armonía:* Salmo 133:1 (Vulgata 132:1).

Filipenses 4:7: *Et pax Dei, quae exuperat omnem sensum, custodiat corda vestra, et intelligentias vestras in Christo Jesu* (Vulgata).

«Y la paz de Dios, que sobrepasa a todo entendimiento, guardará vuestros corazones y vuestros pensamientos en Cristo Jesús».

## 15ª CARTA (13/09/51)

*mi cuento:* supuestamente uno de sus cuentos para niños.

## 16ª CARTA (26/12/51)

Colosenses 2:14: *delens quod adversus nos erat chirographum decreti* (Vulgata). «Cancelando el documento de deuda en contra nuestra».

Hebreos 11:1: *Est autem fides sperandarum substantia rerum* (Vulgata). «Ahora bien, la fe es la firme seguridad de las realidades que se esperan».

Salmos 8:2; Mateo 21:16: *ex ore infantium*; «Por boca de los niños...».

Números 22:28.

Filipenses 4:4: *Gaudete in Domino semper: iterum dico gaudete.* «Regocijaos en el Señor siempre. Otra vez digo: ¡Regocijaos!».

## 17ª CARTA (14/04/52)

*venio,* vengo. Compare *veni, Domine Jesus,* «ven, Señor Jesús», Apocalipsis 22:20. El confesor de C. S. Lewis fue el padre Walter Adams de la Sociedad de San Juan el Evangelista (SSJE). Nació en 1871 y murió en el altar el 3 de marzo de 1952. (Quedo en deuda con el padre Walter Hooper for esta información).

*Amor est ignis...* El amor es un fuego que arde constantemente (*Imitación*, Libro 4, cap. 4).

*Para que todos sean uno:* Juan 17:21: *ut omnes unum sint.*

## 18ª CARTA (14/07/52)

Romanos 13:11: *Nunc enim propior est nostra salus, quam cum credidimus.*

*Dies illa.* Mateo 24:36: De die autem illa et hora nemo scit.

(Comparar también *Dies Irae, dies illa,* por Tomás de Celano, c. 1255).

*San Juan:* San Juan de Patmos. Esta alusión al Apocalipsis mezcla las versiones. «Ciertamente vengo en breve. Amén; sí, ven, Señor Jesús», y la Vulgata: *Etiam venio cito: amen. Veni, Domine Jesu* (Ap 22:20).

*nuestra redención está cerca:* Lucas 21:28: *levate capita vestra: quoniam appropinquat redemptio vestra.*

*aquel supremo llamamiento:* Juan 13:34: *Mandatum novum do vobis: ut diligatis invicem: sicut dilexi vos.*

*esa paz que nadie nos puede quitar:* Juan 16:22: *et gaudium vestrum nemo tollet a vobis.* Juan 14:27: *Pacem relinquo vobis, pacem meam do vobis.* Comparar Lucas 10:42: *Maria optimam partem elegit, quae non auferetur ab ea.*

## 19ª CARTA (05/01/53)

Su libro sobre la oración es quizá el que se publicó póstumamente como *Si Dios no escuchase. Cartas a Malcolm.* Pero es probable que haya trabajado antes en una edición anterior.

*el arca:* 1 Crónicas 13:9: *tetendit Oza manum suam, ut sustentaret arcam... et mortuus est ibi coram Domino.*

*el arado:* Lucas 9:62: *Nemo mittens manum suam ad aratrum, et respiciens retro, aptus est regno Dei.*

## 20ª CARTA (07/01/53)

El artículo «Responsabilità», del padre Manna (firmado como S. P. Manna) hizo su aparición en la edición de octubre de 1952 de la revista *Amico.* En ella, el autor ruega para que haya un mayor reconocimiento de la gravedad de la persecución comunista contra los cristianos (tanto empleados de hospitales como misioneros) en China. Si un comunista es arrestado en Occidente (por ejemplo, Jacques Declos), el mundo comunista protesta. Debe haber por lo

menos el mismo clamor en defensa de los misioneros que han sido víctimas de las represalias.

En su respuesta, Lewis menciona haber recibido cartas respecto a este asunto. Desde 1927 a 1931 su hermano, el mayor Warren Lewis, sirvió en bases del ejército en China (Kowloon y Shanghái). Lewis no menciona esto, pero es probable que sea un tema subyacente respecto a «nuestras oraciones» por China.

## 21ª CARTA (09/01/53)

Esta carta existe solamente en manuscrito escrito a lápiz en italiano y el texto que se ofrece aquí proviene de la transcripción mecanografiada en Verona.

## 22ª CARTA (14/01/53)

La fecha que se da aquí (14 de enero) constituye una vez más una conjetura respecto a la manera en que Lewis abrevia el mes de enero, no junio, y esto se confirma porque Lewis reconoce su carta del 9 de enero.

El problema de la oración petitoria fue un asunto que Lewis presentaría más tarde a la Sociedad de Clérigos de Oxford por medio de un ensayo el 8 de diciembre de 1953 (*Petitionary Prayer: a problem without an answer*). Habría sido interesante que Don Calabria hubiese podido responder a dicha interrogante.

*si es posible:* Mateo 26:39; Marcos 14:35.

## 23ª CARTA (17/03/53)

*el justo Jesús:* ver Hechos 7:52.

## 24ª CARTA (10/08/53)

*ignoran cuál Espíritu los guía:* Lucas 9:55: «Vosotros no sabéis de qué espíritu sois». *Nescitis cujus spiritus estis* (Vulgata).

*cubre una multitud de pecados:* 1 Pedro 4:8.

*suis:* así aparece en el manuscrito; no *nostris.* Debe insertarse *quisque* luego de *suis* ([para fortalecernos] unos a otros)

## 25ª CARTA (03/09/53)

recibir: *superlucrari: recibir más aún.* Comparar la parábola de los talentos: *ecce alia quinque superlucratus sum* (Vulgata); «mira, he ganado otros cinco talentos sobre ellos», Mateo 25:20.

## 26ª CARTA (15/09/53)

La necesidad de preservar o restaurar la naturaleza humana, dado que se halla amenazada, es el tema central de la obra de Lewis *La abolición del hombre.*

Para *temporis acti,* ver Horacio, *Ars Poetica 173-4: Difficilis, querulus, laudator temporis acti se puero* (complicado y quejumbroso, inclinado a elogiar los tiempos cuando fue niño).

## 27ª CARTA (05/12/54)

Sin saberlo, Lewis escribió esta carta un día después del fallecimiento de Don Calabria. Su muerte acaeció en Verona el 4 de diciembre de 1954.

## 28ª CARTA (16/12/54)

Esta carta o parte de ella también se halla en italiano (ver la tesis laterana, *Il Servo di Dio*, por Eugenio Dal Corso). Por lo visto, la congregación de Verona informó a Lewis de la muerte de su fundador al poco tiempo de haber recibido su carta con fecha del 5 de diciembre de 1954. En dicho informe, se incluyó una fotografía de Don Calabria y ello causó que Lewis acusara recibo.

## 29ª CARTA (19/01/59)

La primera edición de la biografía de Don Giovanni, *Don Giovanni Calabria, Servo di Dio* (cuyo autor fue Otto Foffano) tuvo un prefacio escrito por el sacerdote Luigi Pedrollo en Verona el 15 de octubre

de 1953. No hay nada en la carta de C. S. Lewis, enviada a Verona el 6 de enero de 1961, que indique que lo que para él eran asuntos no aclarados, ya para ese entonces hubieran sido resueltos. Sin embargo, para corroborar este asunto, hay unos pocos pasajes que mencionan momentos de angustia e insuficiencia (*loc. cit.* pp. 308, 309 y 313) cuando parece que la fe se ha perdido, que nada bueno se ha logrado hacer y que la oración (excepto para pedir perdón) parece ser imposible de llevar a cabo.

Luego de una muy dolorosa enfermedad, Don Calabria murió en paz, siendo una de sus obras finales haber bendecido a su doctor (y a su familia hasta la tercera y cuarta generación). Ver también *Il servo di Dio, Don Giovanni Calabria*, por Fra Elviro Dall'Ora (Verona, 1979) y *Ricordo di Don Luigi Pedrollo, primo successore di Don Calabria* (Verona, 1987).

## 30ª CARTA (28/03/59)

*predicó a los espíritus encarcelados:* 1 Pedro 3:19.

*Los cuatro amores* fue publicado en inglés en 1960 (hay edición[1] en español). Para un comentario interesante sobre el libro, ver la referencia que Owen Barfield ofrece en su introducción a *The Meaning of Love*, por Vladimir Solovyov, traducido por Jane Marshall (y revisado por completo por Thomas R. Beyer Jr.) y publicado en la colección Floris Classics, por The Centenary Press, 1945 y Floris Books (Billings & Sons, Worcester), 1984. En EE.UU. fue publicado por Lindisfarne Press.

*Flaccus:* Horacio. Ver *Odas* 2.1.6. En esta Oda, Horacio advierte a su amigo Polio que cuando se dedicó a escribir la historia de eventos críticos en los que Porno estuvo involucrado, estaba asumiendo una tarea «plagada de peligros», *periculosae plenum opus aleae.*

---

1. Incluida en *Clásicos selectos de C. S. Lewis* (Nashville: Grupo Nelson, 2021). [*N. del e.*].

## 31ª CARTA (15/12/59)

A partir de este momento, las cartas de Lewis manifiestan un tono más solemne, aunque jamás sin fe y expresiones de fe. Se ha descrito en otros libros la manera en que su esposa Joy, luego de haber recibido la imposición de manos el 21 de marzo de 1957, logró aliviarse y recuperarse del cáncer; y la manera en que, tres años después, el cáncer retornó y finalmente demostró ser fatal. A partir de esta carta, parece ser que en una carta que no ha sido identificada o que ya no existe, Lewis debió de haberles contado a los padres de Verona de la enfermedad de Joy y su sorprendente recuperación. Ahora les hace saber que el cáncer ha retornado. Con valentía añade que, a pesar del dolor, tanto su esposa como él han experimentado alegrías y la verdad de aquella bienaventuranza: *Beati qui lugent: quoniam ipsi consolabuntur* (Vulgata, Mateo 5:5): Bienaventurados los afligidos, porque ellos recibirán consolación (5:4).

*integri... animi:* el manuscrito contiene *integres*. Quizá Lewis tuvo la intención de escribir *integrae... animae*, «que nuestras almas permanezcan íntegras».

## 32ª CARTA (16/04/60)

El tono de tristeza continúa. Pero a pesar de ello, así como en la liturgia y ahora por causa de la Pascua, *sursum corda*, levantemos el corazón (literalmente, «los corazones», a lo cual se replica «lo tenemos levantado hacia el Señor»).

## 33ª CARTA (03/01/61)

*curialibus verbis:* «con palabras de agradecimiento», «amablemente».

## 34ª CARTA (08/04/61)

Doliente y «como si me hubiesen partido», a Lewis ahora le toca proseguir solo. Muere en Oxford el 22 de noviembre de 1963, una semana antes de cumplir 65 años (ver *C. S. Lewis: a Biography*, por Roger Lancelyn Green y Walter Hooper; Collins, 1964).

# ÍNDICE DE CARTAS

11.  De C. S. Lewis                                      Oxford
     *Dilecte Pater, Nuper in scriniis*                  10 de septiembre de 1949

12.  De Don Calabria                                     Verona
     *Dilectissime in Domino*                            18 de septiembre de 1949

     (Carta en italiano, de Don Paolo
     Arnaboldi a C. S. Lewis, escrita en
     un manuscrito que Lewis no pudo
     descifrar)                                           12 de noviembre de 1949

13.  De C. S. Lewis                                      Oxford
     *Dilectissime Pater, Remitto*                       19 de noviembre de 1949

14.  De Don Calabria                                     Verona
     *Dilectissime in Christo, Gratia tibi*              17 de diciembre de 1949

15.  De C. S. Lewis                                      Oxford
     *Dilectissime Pater, Insolito gaudio*               13 de septiembre de 1951

16.  De C. S. Lewis                                      Oxford
     *Dilectissime Pater, Grato animo*                   26 de diciembre de 1951

17.  De C. S. Lewis                                      Oxford
     *Pater dilectissime, Multum eras*                   14 de abril de 1952

18.  De C. S. Lewis                                      Oxford
     *Gratias ago, dilectissime pater*                   14 de julio de 1953

19.  De C. S. Lewis                                      Oxford
     *Dilectissime Pater, Grato animo*                   5 de enero de 1953

20.  De C. S. Lewis                                      Oxford
     *Tandem, pater dilectissime*                        7 de enero de 1953

21.  De Don Calabria                                     Verona
     *Siamo in giorni santi*                             (¿?) 9 de enero de 1953

| | | |
|---|---|---|
| 22. | De C. S. Lewis | Oxford |
| | *Pater dilectissime, Multo gaudio* | 14 de enero (¿junio?) de 1953 |
| | | |
| 23. | De C. S. Lewis | Oxford |
| | *Dilectissime Pater, Gavisus sum* | 17 de marzo de 1953 |
| | | |
| 24. | De C. S. Lewis | Oxford |
| | *Dilectissime Pater, Accepi* | 10 de agosto de 1953 |
| | | |
| 25. | De Don Calabria | Verona |
| | *Dilectissime in Christo, Gratia et pax* | 3 de septiembre de 1953 |
| | | |
| 26. | De C. S. Lewis | Oxford |
| | *Pater dilectissime, Gratias ago* | 15 de septiembre de 1953 |
| | | |
| 27. | De C. S. Lewis | Oxford |
| | *Heus, pater dilectissime* | 5 de diciembre de 1954 |

Muere Don Giovanni Calabria en Verona, el 4 de diciembre de 1954. Los religiosos informaron más tarde a C. S. Lewis y le enviaron una fotografía de Don Calabria. A partir de este momento, Lewis entablará correspondencia con Don Luigi Pedrollo.

| | | |
|---|---|---|
| 28. | De C. S. Lewis | Oxford |
| | *Reverende Pater, Doleo* | 16 de diciembre de 1954 |
| | | |
| 29. | De C. S. Lewis | Cambridge |
| | *Bene fecisti* | 19 de enero de 1959 |
| | | |
| 30. | De C. S. Lewis | Cambridge |
| | *Reverendissime Pater, Grato animo* | 28 de marzo de 1959 |
| | | |
| 31. | De C. S. Lewis | Cambridge |
| | *Reverende Pater, Gratias cordialiter* | 15 de diciembre de 1959 |
| | | |
| 32. | De C. S. Lewis | Cambridge |
| | *Reverende Pater, Gratias ago* | 16 de abril de 1960 |

9 781401 607340